選択と奇跡

あの日、僕の名字は
EXILEになった

小林直己

文藝春秋

選択と奇跡

あの日、僕の名字はＥＸＩＬＥになった

Color CYClone 1K RGBW

目次

第二幕

EXILEという夢の作り方

第三幕

「三代目J SOUL BROTHERS」という運命

第四幕　小林直己

第五幕

選択と奇跡

選択と奇跡

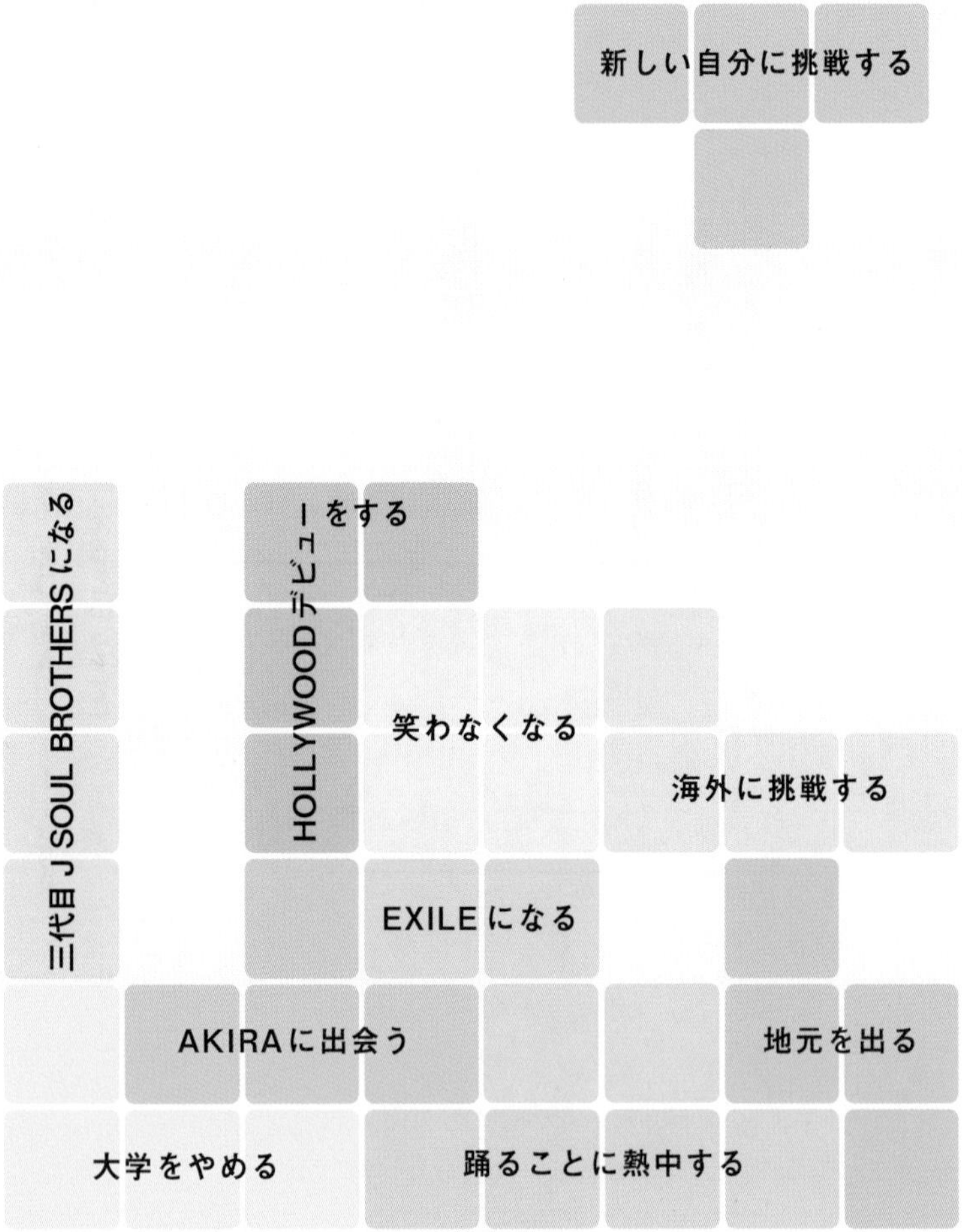

designed by POYL FiLM

まえがき

僕の名前は、小林直己（コバヤシ・ナオキ）。アーティストグループである、ＥＸＩＬＥと三代目 Ｊ ＳＯＵＬ ＢＲＯＴＨＥＲＳのメンバーであり、後者のグループではリーダーも務めている。また、俳優としても活動をしている。所属事務所はＬＤＨ ＪＡＰＡＮ。この会社には、演者として参加する前から、一《いち》スタッフとして働いている。その後、２００９年にＥＸＩＬＥに加入した。

この10年以上、24時間、３６５日、ＥＸＩＬＥのことばかり考えてきた。すでにミリオンヒットや、数々の賞を受賞していたグループに２００９年に中途加入した僕は、ＥＸＩＬＥの一員になった後も、「ＥＸＩＬＥになる」ということばかりを考えていた。ＥＸＩＬＥが標榜するメッセージである「Ｌｏｖｅ，Ｄｒｅａｍ，Ｈａｐｐｉｎｅｓｓ」、また、東日本大震災以降にスローガンとしてきた「日本を元気に」、それらを実現すべくＥＸＩＬＥとして何ができるのか、そして、ＥＸＩＬＥとして生きるということはどういうことかを、必死に考え続けてきた。

三代目 Ｊ ＳＯＵＬ ＢＲＯＴＨＥＲＳは、ＥＸＩＬＥの弟分として生まれた。僕はこのグループに想いを繋ぐべく、ＥＸＩＬＥと兼任という形でリーダーとなった。日本レコード大賞を受賞した「Ｒ.Ｙ.Ｕ.Ｓ.Ｅ.Ｉ.」を皮切りに、多くの人に認知され始め、今ではドームツアーを毎年行えるまでに成長した。迎えた10周年、特別な一年になるはずだった２０２０年に、予定していたドームツアーは、残念ながら全公演が中止となってしまった。

コロナ禍によって、これまでの日常と未来を失った。僕のアイデンティティーにとって必要だった「表現をする場所」が無くなってしまい、自分の存在理由さえわからなくなった。何も無くなってしまった僕は、立ち上がれなくなった。

気力すら失ってしまった僕は、時間をかけてできることを探していった。「自分を大切にしたい」「大切な人をちゃんと大切にしたい」と思った。そうして日々を大切に過ごそうと意識すると、今まで見過ごしてきたものが改めて目に入った。当たり前に明日が来ること、誰かと喜びあえること、夢を語り合うこと。そのかけがえのなさこそが、幸せの正体だと感じた。

人生は日々、大小さまざまな選択にあふれている。振り返ると、僕が選択してきたこれまでの道には、小さな奇跡が散りばめられていた。自らの選択で、奇跡を引き寄せることができる。そして、それらが積み重なり大きな奇跡を生み出していると気がついた――。

そんな僕の選択と奇跡をここに書いていきたい。

第一幕

LDHとEXILE

一場　ＥＸＩＬＥはどこからきたのか？

「なぜ、ＥＸＩＬＥは国民的グループになりえたのか？」

そういった質問をインタビューで受けることがある。大それたことは言えないが、それでも、多くの人たちから応援していただいていることを、ライブなどで実感している。

現在、19人のメンバーを擁するＥＸＩＬＥは、グループのパフォーマンスを引退したＨＩＲＯ、ＭＡＴＳＵ、ÜＳＡ、ＭＡＫＩＤＡＩ、ＡＴＳＵＳＨＩを除く14人体制で、ライブなどの活動を行っている。ＨＩＲＯたち４人はＥＸＩＬＥでありながらパフォーマンスは引退したのだ。２００１年にメジャーデビューし、メンバー編成を替えながらも、新陳代謝を繰り返し、２０２１年には20周年を迎える。これまでのアルバム累計出荷枚数は１８００万枚以上、ライブツアー動員数８００万人以上、レコード大賞は史上初の４度受賞している。手前味噌ながら、モンスターグループである。

何をもって国民的、と評するかはわからないが、「Ｒｉｓｉｎｇ Ｓｕｎ」、「Ｃｈｏｏ Ｃｈｏｏ ＴＲＡＩＮ」といったダンスナンバーや、「Ｌｏｖｅｒｓ Ａｇａｉｎ」、「Ｔｉ Ａｍｏ」といったバラード曲を、ヴォーカルが歌い、その周りでパフォーマーと呼ばれるメンバーたちが踊る様は、まさにＥＸＩＬＥスタイルである。特に、マイクを持たないダンサーを「パフォーマー」と称し、メンバーの一員として認知させたのは、ＥＸＩＬＥに他ならない。

また、髪型や髪色、ヒゲなどビジュアルにも個人のスタイルを取り入れ、ステージ衣装は、黒のスーツを意識的に着るようにしていたという。そういうスタイルが、一つの文化として「ＥＸＩＬＥ系」という表現をされるようになった。僕自身、加入前には、ＥＸＩＬＥ系に憧れ、服装や言動などを真似したりしていた。しかし、メンバーになってからはＥＸＩＬＥ系というスタイルがただのビジュアルイメージに収まらないことを知った。群雄割拠《ぐんゆうかっきょ》の芸能界において生き残っていくための戦略の一つだった。自らの人生とエンタテインメントを融合することでオリジナルのスタイルを生み出していた。

今では、そういった強面《こわもて》なビジュアルのメンバーだけでなく、さまざまなタイプがメンバーに加わっている。強さがもてはやされていた時代から、優しいものが求められる時代へと変化しているのではないか。芸能界という場所、人気によって左右されるＪ-ＰＯＰシーンにおいて、二十年と続くグループであるが、それぞれの個性を取り入れ、時代に合わせ変化と進化を繰り返しているグループそのものが、時代を映す鏡のようになっていると感じている。

二場　ＥＸＩＬＥのイメージ

体育会系、厳しい、怖そう……そういったものが、ＬＤＨや、ＥＸＩＬＥへのイメージだろうか。しかし、そんな言葉だけではくくれない。

新たな世代を受け入れ、メンバーとして加入させつつも、「メンバーはＥＸＩＬＥの一番のファン」を謳《うた》いながら、一丸となってライブを作り上げていく。そこには、同志として、年齢を超えた絆《きずな》のようなものが存在している。それと同時に、ＥＸＩＬＥであるという自負が、己を磨き、メンバー同士互いに切磋《せっさ》琢磨《たくま》していくのだ。そのようにして培《つちか》ったものを、ステージに立ち、多くの人に届ける。こうした喜びを、新メンバーは活動の中で知り、グループを形作っていくのだ。

まるで、「ＥＸＩＬＥ式 アーティスト養成所」といった趣《おもむき》だ。実際にステージに立ち、応援してくれる人たちを肌で感じることで、言葉や行動に責任を持ちはじめ、ＥＸＩＬＥになっていくのだ。世間のイメージにある「厳しさ」は、エンタテインメントを届ける皆さんに対しての、メンバーの責任感の表れなのではないだろうか。

加えて、メンバーが一人一人それぞれのやり方を活動に反映させ、ＥＸＩＬＥを表現している。

例えば、橘ケンチは、日本全国の酒蔵と交流を重ね、オリジナルの日本酒を生産したり、黒木啓司は、「THE NINE WORLDS」というエンタテイメントプロジェクトを立ち上げ、地元・九州の企業やクリエイターとともに、さまざまな企画やイベントなどを運営している。また、TETSUYAは、早稲田大学大学院スポーツ科学研究科で、中学校の必修科目「現代的なリズムのダンス」の、教育現場における現状と問題点と解決策の具体的な方法について研究し、修士課程を修了。その後、制作に数年をかけ監修したダンス映像教材が、文部科学省選定に認定されている。


ライブツアーは、一つのテーマを設定し、ステージ・演出・楽曲でその世界観を構築することで、まるで映画とサーカスを組み合わせたような、一大エンタテインメントを生み出している。アーティストとしての思いを、神話やおとぎ話になぞらえ、没入できるようストーリーを組み立てていくのだ。例えば、2015年に行われたライブツアー「AMAZING WORLD」では、「輪廻転生」をテーマに、時代や時空を超えるようなビジュアルイメージを映像に落とし込んだ。それに加え、オリジナル楽曲「AMAZING WORLD」をテーマソングとしツアーを構成した。

メンバーの多彩なバックグラウンドと、最新のテクノロジーを掛け合わせ、LDHが誇るライブ・クリエイティブチーム「ＴＥＡＭ ＧＥＮＥＳＩＳ」は中心となるアイデアを作り、ライブ全体を統括している。
「ＴＥＡＭ ＧＥＮＥＳＩＳ」は、ライブのコンセプト、演出、コレオグラファー、映像、音楽、衣装などを担当する、各専門分野のスペシャリストたちが集まったＬＤＨのクリエイター集団で、ストーリーテリングを軸に、ＥＸＩＬＥのライブをともに作ってきたスタッフチームが中心となって構成されている。

まるで軍団のように、一つの号令で動くＥＸＩＬＥ。そういった画一的なものではなく、メンバーそれぞれの専門分野を活かし、さまざまな角度から、発想し、検証されたエンタテインメントを作り上げていく。そうすることで、音楽に多様なカルチャーと人生観やメッセージが付与され、幅広い世代の人たちが興味を持つようになっていった。こういったことは、メンバーになるまでは知る由もなく、ＥＸＩＬＥを外から見ている時と、内側に入ってからの印象に、僕も大きなギャップがあった。

三場　ライブの秘密

ＥＸＩＬＥのライブには、幅広い世代の人たちが集う。例えば、娘と母親、そして、おばあちゃん、といった具合に、三世代が一緒になって楽しめるのが、魅力の一つでもあると感じる。

年齢を問わず人を惹きつけている理由の一つは、楽曲の多彩さ。

ドーム会場５万人を一気に熱狂の渦に巻き込むパワーを持つロックがあるかと思えば、座って聴きたくなるような、しっとりと心に訴えかけてくるバラードもある。そうかと思えば、肩を組み、皆で大合唱し元気になれるようなポップスもある。流行だけに左右されない、全年代対応型なのだ。その中で、時代を取り入れた曲や、思いがけない演出で観客に驚きを与える曲などを生み出し、より幅広いジャンルにアプローチし続けている。

また、「銀河鉄道９９９」といったカバー曲も特徴である。音楽面でのプロデュースを行うのが外部のプロデューサーではなく、メンバーであるヴォーカルチームなのだが、スタッフからのアイデアを取り入れ、楽曲の制作からリリース、プロモーション、そして、ライブなど現場の反応まで考慮しながら、一貫したイメージを持って曲を選んでいるからこそ可能なのである。

もう一つの魅力は、メンバーのスタンスだ。

ライブで使用される言葉は、敬語なのである。ライブ中、客席が盛り上がっている時や、もう一段階、熱を上げたい時には、普通なら「みんな、盛り上がっていこう！」と言うところを、ＥＸＩＬＥの場合は、「みなさん、盛り上がっていきましょう！」となる。これは、時間を割いて会場まで足を運んでくれた、全ての人に対する感謝の気持ちから生まれたものである。

メンバーは、こういったスタンスでライブを作り、パフォーマンスしている。

四場　憧れが器を広げる

僕自身は、昔から、こういったＥＸＩＬＥのスタンスが身についていたわけではなかった。調子づくあまり失敗をすることもあった。グループの人気を、自分の人気と勘違いすることもあった。恥ずかしい。しかし、時に出る杭として打たれ、時に励まされ、自分という人間が徐々に変わっていき、少しずつ僕が作り上げられていった。

ＥＸＩＬＥは、僕が加入する前から、ミリオンヒットを記録し、ヒットソングは数知れず、だった。そして、子どもたちに対する社会貢献活動や、被災地への支援、応援してくれる人たちへのホスピタリティにあふれた印象が、テレビを通じ僕にも感じられた。

そんなグループへの加入が決まった時から、ＥＸＩＬＥのユニフォームを、常に内側に着ている感覚があった。あるいは、ＥＸＩＬＥという名字を背負ったような感覚というのだろうか。強い責任を感じたのだ。小林直己、という一個人でありながらも、同時にＥＸＩＬＥを代表している、と見られるという意識だ。グループや会社を引っ張る15歳上であるＨＩＲＯの評判や、オリジナルメンバーが歩んできた道のり、ＥＸＩＬＥの歴史などが、僕を僕のままではいられなくした。

「早く、僕自身の存在が、ＥＸＩＬＥだと思われるようになりたい」と、元々のメンバーと肩を並べられるように背伸びをした。そのために努力を怠らなかった。

憧れ、真似をするのが成長の秘訣だと聞くが、ＥＸＩＬＥに憧れたことで、自らの器を何倍にも大きくしたのではないかと思う。

夢を見て、努力し、時に叶《かな》え、時に失敗し、それでも仲間とともに前に進んでいくＥＸＩＬＥの姿に勇気をもらえる。

このことは加入前も感じていたし、実際にメンバーとなってからも、経験を重ねることで実感した。

近年、若い世代は個人主義になり、仲間と酒を飲む機会も少なくなったという。連れ立って飲みに行き、夢を語り合うことも減ったはずだ。コロナ禍に見舞われ、そういった機会はより失われてしまった。

しかし、それでもＥＸＩＬＥのパフォーマンスやスタイルに反応するのは、そういった熱さに影響を受けるからではないだろうか。決して、夢がないわけではないだろう。夢の見方を忘れたのなら、もう一度思い出させてくれるような、そんな力をＥＸＩＬＥやＬＤＨから感じ取ってくれると信じている。言語化できないエネルギー、それを言葉で表現し、伝えたい。そう思ったのが、執筆を始める一つのきっかけだった。

五場　人を成長させる場所　ＬＤＨ

ダンサーを「パフォーマー」と呼び、世間のイメージを変えたＥＸＩＬＥ。ＨＩＲＯはダンサーとしての経験から学び、未来を見据え、ダンサーが職業として成り立つための組織を作った。それがＬＤＨであり、ＥＸＩＬＥ ＴＲＩＢＥである。

これまで、バックアップダンサーとしてアーティストのライブの演出や楽曲の世界観を表現する存在であったダンサー。ただ、メインのスポットライトが当たることは稀《まれ》だった。しかし、今や日本でのダンサーの存在感は増している。キッズダンスの人口の多さは世界でも上位であり、ダンスは広く知れ渡り、身近なものになった。

ＥＸＩＬＥの中でも、ヴォーカルだけでなくダンサーも、タレントとしてバラエティ、役者としてドラマや映画に参加したりと、ジャンルに囚《とら》われない道が生まれていった。

例えば、２００８年にＮＨＫで放送された連続テレビ小説「瞳」の主人公はダンサーを夢見ていて、キャストの一人としてＭＡＫＩＤＡＩが出演した。

ニッチな職業に焦点を当てたドラマや映画によって、その職業が脚光を浴び、注目度が増すことがある。ＨＩＲＯが行ったことは、まさにそれで、バックアップするという立場や、ある特定の地域のカルチャーとして育っていたダンスとダンサーに注目が集まり、職業として認知されるようになった。それまでの固定観念やイメージを変え、人々を変えた。気づけば、一部の人が楽しむだけだった文化の一つが、学習指導要領の中で「現代的なリズムのダンス」としてカリキュラムに取り入れられることとなった。そこには、少なからずＬＤＨやＨＩＲＯの影響があるのではないかと感じる。

ＬＤＨは、ＥＸＩＬＥオリジナルメンバーが、夢を叶え、挑戦するために設立された。１９９９年、ＨＩＲＯは、ＭＡＴＳＵ、ÜＳＡ、ＭＡＫＩＤＡＩをはじめとするメンバーとともに、Ｊ Ｓｏｕｌ Ｂｒｏｔｈｅｒｓというダンス・アンド・ヴォーカルグループを結成する。その後、２００１年にヴォーカルを加え、ＥＸＩＬＥと改名する。そして、２００３年にＬＤＨを創業。アーティストはＥＸＩＬＥのみ。メンバー自らがスタッフ業務も兼ねながら、一歩ずつ歩んでいった。同年にはアルバム『ＥＸＩＬＥ ＥＮＴＥＲＴＡＩＮＭＥＮＴ』で初めてのミリオンセラーを記録し、紅白歌合戦にも初出場。ダンス・アンド・ヴォーカルスクールＥＸＰＧ（現ＥＸＰＧ ＳＴＵＤＩＯ）を設立する。２００４年に、初のアリーナツアーを行い、ここから、ＥＸＩＬＥの快進撃が始まった。

２００６年には、パフォーマーとしてＡＫＩＲＡが、また、全国でヴォーカルオーディションを行い1万人の中から選ばれたＴＡＫＡＨＩＲＯが、新たに参加し、ＥＸＩＬＥ第二章が幕を開ける。

２００７年には、定期的に演劇の公演を行う「劇団ＥＸＩＬＥ」を立ち上げ、飲食店第一号「中目黒ＫＩＪＩＭＡ」やストリートファッションブランドを扱う「24ｋａｒａｔｓ」がオープンした。

２００８年には、雑誌「月刊ＥＸＩＬＥ」を創刊した。六年に一度となる「ＰＥＲＦＥＣＴ ＹＥＡＲ」がスタートする。

そして、２００９年に、「ＥＸＩＬＥ ＧＥＮＥＲＡＴＩＯＮ」というテーマのもと、世代を超えてＥＸＩＬＥの想いを継承していくため、総勢14名でＥＸＩＬＥ第三章の幕を切る。ここから僕もメンバーとして参加した。

翌２０１０年には、三代目 Ｊ ＳＯＵＬ ＢＲＯＴＨＥＲＳを結成。ここからＥＸＩＬＥの想いを受け継ぐ「ＥＸＩＬＥ ＴＲＩＢＥ（エグザイル・トライブ＝ＥＸＩＬＥの一族）」と総称される、新たな世代のアーティストグループが次々と生まれていった。その後、ＧＥＮＥＲＡＴＩＯＮＳ・ＴＨＥ ＲＡＭＰＡＧＥ・ＦＡＮＴＡＳＴＩＣＳ・ＢＡＬＬＩＳＴＩＫ ＢＯＹＺといった次の世代を担うグループが誕生した。

ほとんどのグループが、ＥＸＩＬＥと兼任するメンバーを擁しており、各グループで

ＥＸＩＬＥの理念である「Ｌｏｖｅ，Ｄｒｅａｍ，Ｈａｐｐｉｎｅｓｓ」を共有し合う。ＥＸＩＬＥ自体も、２０１４年にはパフォーマーオーディションを開催し、新メンバー加入で、現在は19名体制となった。

グループとして、大きな夢を抱きながら、メンバーそれぞれの個性を尊重し、自らが「言い出しっぺ」となりプロジェクトを動かしていく。その個人プロジェクトで見出した可能性を、グループの新たな力として取り入れ、変化させ進化させていく。

無いものを新しく生み出すには、挑戦が必要だ。そのためには、前例のない世界に飛び込んでいく必要がある。

そういった時になくてはならないのが、仲間であり、ともに闘っていけるほどの信頼であり、絆の深さである。

「ＥＸＩＬＥ　ＰＲＩＤＥ」という言葉がＥＸＩＬＥにはあるが、「ＥＸＩＬＥという生き方に誇りを持つ」と信じている仲間がいるからこそ、結束力は強まり、力は何倍にもなる。自分を代弁してくれる分身を作っていくかのように、相手を理解し、受け入れ、お互いを導いていく。

ＬＤＨやＨＩＲＯの方法は「人ありき」であり、出会いとタイミングや、絆の深さを重視していく。人を育て、分身を作り、次の世代へ受け渡していくのだ。

手に職もなく、プロの技術を持っていた訳ではない当時の僕が、LDHに出会い、生活を含めたくさんのサポートをしてもらった。一つの夢が叶うと、また新たな夢をともに追いかけてくれた。また、慣れない芸能界で戸惑ったり、驕《おご》りから失敗をした時にはそのたびに向き合ってくれた。

人と向き合い、「人ありき」で組織が動き、人を信じる。

LDHは、まさに人を成長させる場所だった。


EXILEメンバーであり、EXILE TRIBEのリーダーも務めるAKIRAは「いつかは、EXILE TRIBEがEXILEを超えるべきだと思う」とインタビューで語っていた。その言葉からも、LDHは新たなフェーズに入ってきたと感じる。このコロナ禍における僕たちの役目は何なのか、ひいては、エンタテインメントの役割とは、そんな問いに正面から向き合っている。

六場　ＥＸＩＬＥがくれた夢

僕が、ＥＸＩＬＥのエンタテインメントに初めて触れたのは、２００６年に行われた「ＥＸＩＬＥ ＶＯＣＡＬ ＢＡＴＴＬＥ ＡＵＤＩＴＩＯＮ ２００６ 〜 ＡＳＩＡＮ ＤＲＥＡＭ〜」のファイナル。武道館で開催された、新ヴォーカルを決定するオーディションの決勝戦だった。その半年ほど前、ＡＫＩＲＡとクラブで出会い、ダンサーとしてお互いに刺激されたことで意気投合し、その後ＡＫＩＲＡがメンバーの一人として活動していたダンスチームに加入した僕は、数ヶ月前にＥＸＩＬＥに加入したＡＫＩＲＡの誘いを受け、その日、武道館に足を運んだ。

その時期、ＥＸＩＬＥが新ヴォーカルを全国展開のオーディションで選ぶという試みが、お茶の間の話題にのぼっていた。どんな人にもＥＸＩＬＥになれるチャンスがあるという触れ込みは刺激的なものだった。

朝のニュースは、そのオーディションの様子を毎週放送しており、「ＥＸＩＬＥのファンが、本当にＥＸＩＬＥになってしまう」ことは、他のどんな番組よりも面白かった。

当日、朝からの引越しのアルバイトを二本終え、急ぎ足で会場である日本武道館へ向かった。到着するとそこはもう、コンサート会場よろしく、多くの人であふれかえっていた。

でも、これは通常のライブではなく、オーディションの決勝だ。勝者と敗者が入り混じる過酷なオーディションがこんな浮かれた雰囲気でいいのか。

どこか、斜《はす》に構えたくなる自分がいる。

関係者受付で、ＡＫＩＲＡの招待を受けた旨と自分の名前を告げると、席まで案内された。不意に優越感を覚えたことに気づき、自分もここにいる人たちと全く変わらない、と恥ずかしくなった。

決勝は、６人のファイナリストたちが、一人ずつＥＸＩＬＥと一緒にパフォーマンスを披露する。そして、その場で最終審査がなされ、観客の前で新ヴォーカルが発表されるという流れだ。

オーディションを、エンタテインメントにする？

そんなことが、あるものなのだろうか。

今までそのような形式のショーを観たことがなかった僕はそこで一気にＥＸＩＬＥに興味を持ちはじめた。

日々、進捗《しんちょく》状況を朝のニュースで追っていた僕は、それぞれの候補者の声質や特徴、努力や苦悩なども見聞きして、自分なりの予想を立てて楽しんでいた。それが、目の前で答え合わせができる。候補者に申し訳ない気持ちになる。しかし、おもしろい。開演前の客席は興奮に包まれ、不思議な一体感があった。


今日、新ヴォーカルが決まる。

その幕が、これから上がる。


そんなことを考えていると、会場がゆっくり暗転した。暗闇に包まれると一気に静まり返った。


冒頭から、フル・ボルテージで始まったライブは、センターステージを所狭しとＥＸＩＬＥが駆け回り、歌い、踊った。

テレビで観ていたＥＸＩＬＥが目の前にいる。

言葉にならない興奮が胸を貫き、思わず声が出た。

「かっこいい……」

次から次へとパフォーマンスが続き、会場全体が揺れる。観客が持つフラッグが、まるで生き物のようにうねり、ざわめき、誰もが一心にステージを見つめている。

この景色はなんなんだ！

会場が暗くなると、センターステージの上方にあるLED画面に、一文字ずつアルファベットが映し出される。

……A・K・I・R・A、……A・K・I・R・A……、アキラだ‼

この日がお披露目となるAKIRAが、ステージ中央に迫《せ》り上がって来る。激しいギターと力強いスネアに合わせて、ソロダンスを踊る。同じダンスチームのメンバーとして、数日前もともにショーに出演していた。彼のダンスが好きだった。ステージの中央で、一心不乱に踊る彼を、穴があくほど見つめる。

半年以上、一緒に踊っているから、もう彼の得意技や癖は把握していた。

そう、そこで胸で十字を切り、そのあと、膝から落…ちる…、落ちた！

彼の得意技だ。

次の瞬間、今まで聞いたことのない歓声が耳をつんざく。こんな歓声は、人生で聞いたことがなかった。

数日前、200人で満杯になるクラブでショーに出ていた時、その得意技をすぐ隣で見ていた。そして今、ステージ下の客席から同じ技を見ている。想像もしなかった大歓声を聞いた。1万人もの大歓声だ。

これは、一体なんだ？

ついこのあいだ隣にいた人が、今日は手の届かないステージの上で、スポットライトを浴び、大歓声に包まれていた。

その後、ＥＸＩＬＥメンバーが合流し、ヒットソングが次々と披露される。自分でも歌えるほど有名な曲。頭が少し麻痺しているような感覚に襲われた。

ライブは進み、候補者が一人一人、ＥＸＩＬＥとコラボレーションしていく。この日にしか観られないスペシャルバージョンのＥＸＩＬＥが、矢継ぎ早にパフォーマンスをしていく。それまでは、ＥＸＩＬＥの大のファン、というわけではなかった僕だが、こうした観たいものを観せてくれるというホスピタリティあふれる演出に、だんだんと興味を覚えていった。

最後の候補者がパフォーマンスを終えると、最終審査の時間に入る。画面ではこれまでのオーディションの模様が振り返られ、１万人もの候補者の想いがこのステージ上に詰まっているのだと再認識する。

そして、Ｊ‐ＰＯＰシーン、いや、日本の音楽史の新たな一ページを見ることになるのかもしれない状況に、これまでに味わったことのない興奮を覚える。辺りに目をやれば、固唾を飲んで見守る人、大きな声で名前を叫ぶ人、まるで祈るかのように両手を握る人

――それぞれの願いがステージに集約されていく！

静寂が会場を包む。

飛行機が離陸した時のように、耳がツンとする。

ついに、新ヴォーカルが決定する時。

低く響く声で、ナレーターの声が聞こえる。

「Ｗｉｎｎｅｒ ｉｓ……田崎敬浩！」

名前が読み上げられ、ステージにスポットライトが落ちると、ＴＡＫＡＨＩＲＯが両手を上げてガッツポーズをしていた。

同時に、金色のテープが、ステージから四方の客席に向けて発射された！

流れるイントロ。

一瞬の暗転で、集まるメンバーたち。一列に並んだメンバーは、新しくメンバーになったＴＡＫＡＨＩＲＯを加えて、あのロール・ダンスを始める。

「Ｃｈｏｏ Ｃｈｏｏ ＴＲＡＩＮ」だ！

会場は、熱狂の渦に飲み込まれ、興奮の坩堝《るつぼ》と化す。今夜の盛り上がりは、ピークに達していた。

武道館を出ると、夜風が頬をなでる。

熱気に当てられ火照《ほて》っていたので、心地よい。今、目の前で見たものが信じられなくて、これが現実かどうか、何度も瞬きをした。大音量にさらされて耳鳴りはやまず、ウーファーの低音と、観客の熱狂のせいで疲労感でいっぱいだった。でも、なぜだかわからないけれど、すぐに電車に乗りたくはなかった。最寄りの九段下駅をパスして、飯田橋、市ヶ谷と歩いていく。

ダンサーとして少なからず、いくつかのステージに立ってきた。時にはゲストとして招かれ、ギャランティを得ながらも踊っていた。でも、今日観たステージはそのどれとも違っていた。オーディションをエンタテインメントにするＥＸＩＬＥ、隣で踊っていたはずのＡＫＩＲＡ、一般人からある日を境にＥＸＩＬＥになったＴＡＫＡＨＩＲＯ。

「あのステージに立ちたい」

今まで曖昧だった心の中にあった願いが明確になった。そして、それは僕の夢となった。
ＥＸＩＬＥがくれた夢。
それはＥＸＩＬＥになること。
そう選択したこの日から、全てが変わり始めた。

七場　太陽の雫

2009年春、晴れてEXILEのメンバーに加わった。

前年の大晦日、サポートダンサーとして参加していたドームツアーの最終日。カウントダウンライブが終わると、HIROから打診があった。HIROは、若い世代にグループの思いを引き継ぎ、ともに活動していくというEXILEが持つビジョンを実現すべく、EXILEに新メンバーを入れる決意をした。

そして、僕はその打診を受け、「EXILEになる」という選択をした。

元々は、テレビで観ていたグループ。

大観衆の前でステージに立つ——そんな夢を与えてくれたグループのメンバーの一員になった。

その直後からアリーナツアー「THE MONSTER」のリハーサルに取り組んだ。メンバーになって初めて出演する45万人を動員するライブだ。体力的に不安があったが、それを払拭すべく、体に鞭打ち取り組んだ。気づけば、あのEXILEメンバーとともにクリエーションに参加できる喜びが先に立ち、とにかくがむしゃらにリハーサルに努めた。

ＥＸＩＬＥには演出家がいない。メンバー自らが、ツアーのテーマやセットリストを決め、スタッフから提案された舞台装置や演出を元にライブを作り上げていく。メンバー同士が顔を突き合わせ、話し合って形を作っていくのだ。

昔から、ショーやサーカスが好きな僕は、そんな雰囲気に味をしめ、とにかく思いついたアイデアを遠慮なく提案していった。新たなフォーメーション、空から登場したいなどの無茶ぶりや、曲間の長さに至るまで。すると、時に笑われ、時に真剣に聞いてくれた。それはそうだ。ほんの1ヶ月前に加入した僕は、これまでの活動を知らず、ライブの経験にも乏しく、全くといっていいほどの新人だった。

しかし、そんな僕の意見を軽んじるメンバーは誰もいなかった。

のちに、オリジナルメンバーからは、

「あまりに見当違いで何を言っているんだろう、と思ったこともあった」

という言葉とともに、

「それでも、意見を出して参加してくれるのはありがたかった。そこが直己の良いところだ」

と笑顔で伝えてくれた。

大きな器で受け入れてくれたことで、自然とメンバーの輪の中に入れるようになったと感じている。集団生活の鉄則として、まずは、相手の意見に耳を傾け、ＹＥＳで乗っかってみる。そうすることで会話にドライブ感が生まれ、自然と盛り上がってくる。これも、ＥＸＩＬＥから学んだことだ。

「ＴＨＥ ＭＯＮＳＴＥＲ」ツアーは無事に幕を開け、歓声とともに各地で受け入れられていった。新メンバーのお披露目となるこのツアーでは、昔からグループを応援してくれている人たちにも、新たなメンバーを受け入れてもらわなければならない。いわば、挨拶回りとなるツアーだ。その思いが伝わるよう、リハーサルでアイデアを練っていく。

そうして、生まれた演出の一つが、センターステージだった。会場の中心に据えられた円形のステージは、客席に対し、メンバー全員が最前列に立つことができる。そうすることで、フォーメーションにおける序列を感じさせることなく、誰もが先頭に立つ印象になる。これは、ＥＸＩＬＥオリジナルメンバーが、新世代を会場の人たちに受け入れてもらうための工夫であり、決意の表れであった。

そして、このツアーを通じて、ＥＸＩＬＥの新しいあり方を示した。

ライブ当日に大歓声で迎えられると、メンバーは安堵《あんど》の表情を浮かべた。

しかし、そこに安住するのはＥＸＩＬＥではない。

公演が終わるごとに集まり、反省や改善点を話し合い、リハーサルを行い、ステージに反映していった。そのため本番の合間を縫ってリハーサルが途切れなく続いていく。めまぐるしいスケジュールと日々の緊張から、この頃の記憶があまり定かではない。

夏の気配が感じられ、試行錯誤を何度も繰り返すうち、ツアーの完成形が見え始めてきた頃。それは、ある日のリハーサル中、いつものスタジオでメンバーが集まり、トレーニングとライブの演出会議の合間のことである。

「天皇陛下御即位20年をお祝いする国民祭典で、奉祝曲をパフォーマンスするという話が来た」

あまりに雲を摑むような話なので、理解が追いつかない。天皇陛下の御即位20年をお祝いする楽曲を、ＥＸＩＬＥがパフォーマンスする、ということか。……いや、まだ、いまいちピンとこない。

17歳でダンスを始め、8年。それなりにキャリアを積んで来たつもりだ。ＥＸＩＬＥに加入する前は、いわゆるストリートでダンスの技術を磨き、時にステージとも言い難い粗末な場所でパフォーマンスをすることもあった。もちろん、その一つ一つに真摯《しんし》に取り組んで来たつもりだが、国民祭典で奉祝曲というのは、これまで経験してきたことからあまりにもかけ離れていて、とたんに思考を停止させられる。どのメンバーも、おそらくそれに近い感覚だったろう。

「とにかく、精一杯のパフォーマンスを心がけよう」

その日の話は終わった。

それからは、ツアーのリハーサルと並行しながら、奉祝曲のパフォーマンスを作り上げる日々が続いた。

作曲を岩代太郎氏、作詞を秋元康氏が手掛け、「太陽の国」という組曲が誕生したことを聞く。三部構成になっており、第一部「太陽の種」では、オーケストラが壮大なアンサンブルを演奏し、第二部「太陽の芽」では、パフォーマーがインストゥルメンタル（楽器演奏）に乗せ、演舞を披露する。そして、第三部「太陽の花」では、優しく力強いバラードをヴォーカルチームが担当する。

僕がパフォーマーとして携わるのは、第二部の「太陽の芽」である。

スタジオに集まり、全員で楽曲を聴く。いつものスタジオは、いつもとは違う雰囲気に包まれた。原始の力を彷彿《ほうふつ》とさせるような曲の強さや、壮大なスケールを感じさせるオーケストレーションに、ＥＸＩＬＥが得意とするダンスがフィットする、ブレイクビーツが混じり合っている。「太陽の芽」というタイトル、そして組曲「太陽の国」に込められた想い。新たな挑戦を迎え、14人となったＥＸＩＬＥでこの祭典に参加させていただく意味。そういったものが、キーワードとなり、より深く、クリエーションの海に潜っていく。


そうだ、これはただのパフォーマンスではない。

この場所に生まれ、育ち、こうして人生をかけて向き合うことができるものと出会えた喜びを、感謝を、伝えうるものにすること。

それが、表現者である我々の使命ではないか。

「Ｌｏｖｅ，Ｄｒｅａｍ，Ｈａｐｐｉｎｅｓｓ」を標榜し、エンタテインメントを通じて、多くの人たちに幸せを届けることを目標に活動してきた。今こそ、ＥＸＩＬＥの原点に立ち返り、その想いを楽曲に乗せ、パフォーマンスすることこそ、ＥＸＩＬＥがすべきことではないのか。そうした想いが、口々に話され、熱い想いが僕の胸に広がっていく。

このような機会が人生で訪れるなど、誰一人として想像できなかった。これまでとこれからを繋ぐような、想いのこもったパフォーマンスにしたい。アイデアを出しては検証し、また振り出しに戻る。その繰り返しだ。その時、重苦しいスタジオの空気の中、一閃の言葉が飛んだ。

「『ＪＢ』はどうだろう?」
「ＪＢ」というのは、ＥＸＩＬＥの中でも大切にしている振り付けの一つである。重要だとされる場面にたびたび用いてきた。メンバーのルーツであり、ＥＸＩＬＥパフォーマーの基盤となった90年代を席巻したステップワーク。僕自身も、その振り付けを受け継ぎ、覚え、踊ることで、そこに込められた時間と想いを、ダンサー同士だからこそわかる感覚で共有してきた。

「ＪＢ」が生まれたのは、ＥＸＩＬＥの前身である初代ＪＳｏｕｌＢｒｏｔｈｅｒｓ時代である。初代ＪＳｏｕｌＢｒｏｔｈｅｒｓは１９９９年、街が世紀末の興奮と混乱に包まれていた頃、ＨＩＲＯ、ＭＡＴＳＵ、ÜＳＡ、ＭＡＫＩＤＡＩをはじめとするメンバーが、ダンサーのフィールドからアーティストのフィールドへと挑戦し生まれたダンス・アンド・ヴォーカルグループである。

パフォーマンススタイルを確立した今でこそ、ＥＸＩＬＥのオリジナルメンバーとして、また、創始者として後輩のさまざまな活動を見守っている立場だが、当時は、まさに駆け出しと言われる存在であった。ヴォーカルの周りをパフォーマーが囲み、楽曲をパフォーマンスする、そのスタイルすら日本に存在しなかった頃の話だ。ドサ回りと呼ばれる活動を繰り返し、駅前の広場や、デパートの屋上で、観客もまばらな中、全身全霊のパフォーマンスを続けていた。

その頃に生まれた振り付けが「ＪＢ」である。

楽曲の中のパフォーマーパートにおいて、全員で合わせる一番の見せ所で「ＪＢ」は使われた。当時は、パフォーマーになんて誰も目もくれず、楽曲を歌っていたヴォーカルへの注目が圧倒的に大きかった。だからこそ、パフォーマーが舞台の中央に立ち、観客からの視線を一身に集めるそのパートは、まさに自己の存在の証明、アイデンティティーの確立への渇望を解消する瞬間だった。そのようにして、この「ＪＢ」は、何百公演と繰り返されてきた現場で、メンバーとともに闘ってきた。

ダンスの振り付けは、流行に左右されることが多い。楽曲のリズムは時代とともに変化し、生み出される「ノリ」と呼ばれるグルーヴに、ファッションや世相が反映されていく。結果その都度、新たな「ステップ」や独特な「ムーブ」の流行が作られる。

ダンサーは、振り付けを見れば、だいたいいつ頃に作られたものかを推測することができるのだ。僕は、ダンスもまた、時代を映す鏡だと思っている。

時に、過去に作られた振り付けは「古い」と揶揄《やゆ》され、廃《すた》れてしまうものだが、「ＪＢ」は違った。その時代固有の「ノリ」や「ステップ」にとどまらず、それを凌駕《りょうが》した「自己表現」として確立した。ＥＸＩＬＥのシグネイチャー・コレオグラフィー（ＥＸＩＬＥを代表する振り付け）といっても過言ではない。これまでに踏んできたステップの数が、流した汗と涙が、この振り付けに染み込んでいる。

凝縮された「時」を携えたこの振り付け以外に、奉祝曲にふさわしいものはない。

人生の中で一番向き合ってきた「ＥＸＩＬＥ魂」――その想いを乗せ、全身全霊でパフォーマンスするために。

「よし、『ＪＢ』でいこう！」

全員一致で方向性が決定し、早速リハーサルに入る。

パフォーマンス全体の見え方を考え、奉祝曲の細部に至るまで適応するよう、振り付けにアレンジを加え、完成度を高めていく。何度も踊ってきた振り付けだが、それでも繰り返し、本気で何度も踊っていく。無意味に思えるかもしれない積み重ねも、いずれ大きな意味を持つことを、これまでの活動で感じてきたからこそ、何度も何度もステップを踏み、体に染みわたらせていく。スタジオの床は軋《きし》み、メンバーの熱気に包まれ、日の前の大きな鏡は曇っていった。湿気に包まれながら、パフォーマンスの精度を高めていった。

踊り続けた先には何が見えるのか、そんな問いが僕の胸に浮かんだ。

もっとも時間をかけたのは「太陽」の演出だった。

「『太陽』をどう表現しようか」

構成の中で、肝となるパート、「太陽」の表現を全員で考える。

この演出が肝要だと、誰もが感じていた。

それぞれの経験を持ち寄り、スタジオで試行錯誤を重ねていく。アイデアを出し合い、次々と試み修正していく。「太陽」が持つ力強さ、唯一無二、大いなる温かさ。それを肉体で表現するには、どうすれば良いのか。イメージを無限にまで広げ、身体に、高らかに叫ぶ許可を与えていく。太陽の、真紅の球体からほとばしるプロミネンス。

「これじゃないかな?」

「これを全員でやったらどうだろう?」

とEXILEが度々取り入れるダンスムーブをアレンジしたものが提案される。

全員がリハーサルステージ中央に集まり、固まった状態から腕だけを動かしていく。うねうねと波打つように、内から外に、真紅の球体から炎がほとばしるように。ビートに合わせて、動きが激しくなっていく! 誰が指揮を執ったわけでもなく、オーケストラのフレーズを感じ、スネアに反応し、その瞬間、全員がシンクロした!

「これでいこう!」

太陽を表現するムーブが決定し、このパフォーマンスが完成した。

２００９年11月12日、バスの中は、興奮と静寂が共存する、一種、異様な空間だった。窓から外を見ると、コートに身を包んだ人々が足早に歩く姿が目に入り、その忙《せわ》しない様子は、心臓の鼓動とリンクしていく。高まっていた僕の呼吸は、窓ガラスを曇らせた。僕は、仕方なく前に顔を向けた。

近くのホテルで支度をした後、会場である皇居へと、用意されたバスに全員で乗車した。パフォーマンス用に特注で誂《あつら》えた黒い三つボタン。それぞれ、華美な装飾は控え、いつものアクセサリーは外している。

「直己、髪型が少し乱れているよ」

と後ろからメンバーに声をかけられた。急いでジェルで整えると、車内は笑い声に包まれた。

「そのままだと、まずかったね」

「さすが直己」

などと、ようやくいつもの雰囲気が戻ってくる。準備は万端だ。あとはいつものように、全力でパフォーマンスをするだけである。

ステージ横に着き、降車する。式典は滞《とどこお》りなく進んでいく。この広場に集まった約３万人が、遠く、二重橋の上に向かって旗を振っている。いつもは大観衆に正対して踊っているのだが、今日だけは、この大観衆を背負い、その思いも乗せてパフォーマンスをする。

第一部「太陽の種」の素晴らしい演奏を終え、パフォーマーがステージに登壇する。

辺りは静寂に包まれており、設営されたステージを歩く靴の音が、はっきりと聞こえる。

11月の夜、吐く息は白く、興奮か緊張か、判断できない動悸がいつもより足を速める。

さぁ、本番である。

ステージに立ったその瞬間、急に耳がツンとした。

体の余計な力が抜け、緊張はどこかにいってしまった。

僕は、僕であって僕ではない。

このパフォーマンスは、僕が踊っているが、僕自身の存在の証明のためではない。

EXILEという集団が一つの演舞をし、集う人々がそこに願いを込める。奉祝曲を奉呈する。その舞は、これまで生きてこられたことへの感謝の気持ち、そして、生きる喜びへと変化していく。もしかしたら、パフォーマンスというものは、誰かに向けてするものではないのかもしれない。自らが、この悠久の歴史の一滴の雫《しずく》となり、大河を海へと運んでいるのだろう。その場に参加できたこと、そばに信頼しあえる仲間がいたことに喜びを覚え、ただただ、眩《まぶ》しい光のその先を見据え、全力で駆けていった。大河を生み出した雫は、やがて天に舞い上がり、あの灼熱に燃える力強い太陽のプロミネンスに結合していくのだ。太陽の雫として。

興奮のうちに終えた本番は、あまり記憶が残っていない。

しかし、確かに、これまでリハーサルを繰り返してきたパフォーマンスを終え、そのあと、奉祝曲「太陽の花」をヴォーカルが奉呈した。


帰路につく車の中で、今日という日を振り返る。

あの瞬間、僕はあの場所にいた。これまで感じたことのない感覚の中で、踊り終えることができた。「興奮」といった言葉ではない何か。ＥＸＩＬＥという集合体に溶け込み、果たすべき役割に従事した。それ以外のことは何もない。


一つの作品を作り上げる。それは、バトンを受け渡していくこと。

作品は個人の手の内に留まるものではなく、公共性を持ち、限りなく広がっていく。その先に、誰かの人生に入り込みミニマムな世界に帰結していく。

人類が生まれ、文化が生まれ、数えきれぬ時間の中で、何度も繰り返されていった人生とその数。

僕は、どこに向かい、何に向かって踊り続けるのだろうか。

自身の存在の証明、といった僕自身の表現者の軸ではない、新たな軸が生まれた瞬間だった。

八場　引退

「ＨＩＲＯさん、十二年間お疲れさまでした」

サプライズで用意された横断幕が、客席からステージに広げられ、メンバー、そしてＨＩＲＯの目に届く。ＨＩＲＯの横顔は澄み切っていて、清々しさとともに、大志と希望に満ちあふれていた。

僕は、これからのアーティスト人生において、この人と、どんなことを達成できるだろうか。

この景色を忘れてはいけない。共に踊った最後の瞬間に生まれた、あの気持ちを絶対に忘れてはいけない。

――この日のために踊ってきた。

前を見つめると、５万人もの人たちが、素晴らしい笑顔と歓声を送ってくれていた。

「自分がいなくなったとしても、ＥＸＩＬＥを残していくために」

ＨＩＲＯのこの言葉は、２００９年に僕がＥＸＩＬＥに加入した直後から聞いていた。

ＥＸＩＬＥを作った人が、ＥＸＩＬＥからいなくなる？　その大きな決断に、僕は理解が追いつかず、実感が伴わず、ただ、言葉の真意を探りながら、行動を共にしていた。

演者として悔いのないように、かつ、組織を停滞させないように、ＨＩＲＯは孤独の中、ＥＸＩＬＥとしては十二年、それ以前の活動期間を合わせると二十年以上にわたる演者としてのキャリアに終止符を打ち、新たなステージへの挑戦を決めていた。

ＥＸＩＬＥをこの先も残していくために、ＨＩＲＯは新世代の仲間をメンバーへと受け入れる。ＥＸＩＬＥを、グループとして一つの形にとどまることなく、未来を見据え、グループとメンバーの生き方としてこれから訪れる時代の荒波にも負けないように。そしてＨＩＲＯは、オリジナルメンバーに新メンバー加入の提案をし、それを実行するための土台を作った。誰かを困らせることなく、可能性が広がることを信じて、未踏の地へ挑戦するという決断に踏み切ったＨＩＲＯの心中は、僕では推し量ることは到底できない。


翌年の２０１０年夏、ＥＸＩＬＥのキャリアとして初となるスタジアムツアー「ＦＡＮＴＡＳＹ」が敢行された。一公演あたりの動員数が約7万人にもなるこの公演は、野外スタジアムを借りきってのライブである。

まだ灼熱の日差しが残る夕方に開演し、夕陽が沈む空の下、満員の観客と汗を流し、時間の経過とともに美しい星空がステージを包み、打ち上がる花火がフィナーレを告げる、一大スペクタクル・エンタテインメントとなった。

自らのピークを刻まんと挑戦し続けるHIRO。その鍛え抜かれた肉体に僕は唸《うな》った。体感温度が50度にも迫るステージの上で、三時間近くを踊り続けるこの公演に向けたトレーニングは、想像を絶するもので、僕自身、音《ね》をあげることもあった。しかし、それを誰よりも黙々とこなしていたのはHIROだった。

その姿に触発され、メンバー全体の士気は上がっていき、それぞれがたくましく仕上がった肉体を携え、このツアーを走り抜けた。それでも、公演後には、何リットルもの水分が体から排出され、呼吸もままならず、通路に倒れこむメンバーの姿を幾度となく見かけた。かくいう僕も、前日から行った体内への水溜めの甲斐なく、何度も脱水症状に陥った。それでも、終演後のスタジアムに感じる、あの気迫と気合の残像は、野外スタジアム（というステージ）があったからこそ生まれたものだと信じている。

HIROが、キャリアの幕引きをしているさなか、誰もが予測できない事態が起こる。

2011年3月11日、東日本大震災が発生する。

甚大な被害をもたらしたこの天災は、付随する事故も誘発し、大きな悲しみに日本中が包まれた。いまだ全てが解決したとは言い切れないだろう。

この大震災は、EXILE、そしてHIRO自身にも大きな影響をもたらしたと、活動の端々から常に感じた。

「Ｌｏｖｅ，Ｄｒｅａｍ，Ｈａｐｐｉｎｅｓｓ」を掲げ、エンタテインメントを通じ、多くの人に幸せを届けたいと願い活動してきたが、この被害に対して、エンタテインメントが直接的に何かの助けになることはできない、と僕自身も感じていた（これはコロナ禍にも同様に感じている）。


無力感に苛《さいな》まれる中、ＨＩＲＯはこの瞬間にもできることがないかと、すぐさま多くのスタッフと連絡を取り、被災地にメンバーを引き連れて行き、炊き出しを行った。

メンバーやスタッフには、

「エンタテインメントが意味を持つタイミングが必ず来る。その時が来たら、すぐに動けるように準備しておこう」

と声をかけた。

この言葉に、身動きが取れなくなっていた僕の心は救われた。

これまで、多くのライブを、応援してくれる人たちと作ってきた。新メンバーとして加入した自分を、快く受け入れてくれた。

だからこそ、そんな人たちに恩返しがしたい。

僕自身の心にも大きな決意が宿り、気持ちを切り替え、被害状況を注視しながら、これから必要とされることを考えていった。

ＥＸＩＬＥとしては、被災地を支援するために楽曲が作り上げられていった。復興支援チャリティーソング「Ｒｉｓｉｎｇ　Ｓｕｎ」ではこう歌われる。

「どんな暗い闇の中でも　明けない夜はないと信じて」

「陽はまたのぼってゆく」

との願いを込めた。

パフォーマー陣もその想いを表現しようと、東北地方を応援する意味を込め、東北にも広く浸透しているよさこい踊りを振り付けに盛り込んだ。

また、日本の象徴でもあり、復興を感じさせる「太陽」をテーマにしたこの曲には、天皇陛下御即位20年国民祭典で奉呈された奉祝曲「太陽の国」の第二部「太陽の芽」で、腕をウネウネと中心から外に広げていく、太陽のプロミネンスを表現した振り付けを取り入れ、復興が少しでも早く進んでいくよう祈りを込めた。

ＥＸＩＬＥだけに留まらず、ＬＤＨ全体としても、復興をはじめとする支援を活動の指針にしていくために、「日本を元気に」というテーマを新たに立ち上げた。この二つの軸は、今でもＬＤＨアーティストにとって大切なものである。

個人的に、とても印象に残っていることがある。

この「日本を元気に」というテーマを世に発表する際に、その想いを伝えるためにビジュアルイメージの撮影を行った。スーツに身を包んだメンバーが列をなし、まっすぐに前を向いているポスターだった。余震は収まりつつあったものの、被害状況の全容が見えない中、不安が人々を包んでいる時期だった。

ＥＸＩＬＥとしてこれからどんな支援ができるのか、誰も答えは出せなかった。しかし、とにかく声を上げるべく撮影は行われた。

グループのリーダーであり、ＬＤＨの代表として、この先何ができるのか。ポスターのＨＩＲＯの表情は、そのことを一分一秒、絶え間なく考えているようで、今見ても、苦悩を感じ取れる。

「パフォーマーをやめる時期は今じゃないと感じた。今は、すべきことがあるはずだ」

そして、ＨＩＲＯは引退の時期を先に伸ばすことに決めた。

２０１１、２０１２年はその想いを形にすべく、「ＴＯＷＥＲ ＯＦ ＷＩＳＨ～願いの塔～」というテーマのもと、ＥＸＩＬＥを皮切りに、ＥＸＩＬＥ ＴＲＩＢＥ総出でライブツアーを行った。

復興を願う人々の思いが集う場所、その象徴の場になればと「願いの塔」を作り、「日本を元気に」とメッセージを掲げて、エンタテインメントだからこそできることを探していった。僕自身、ＥＸＩＬＥと三代目 Ｊ ＳＯＵＬ ＢＲＯＴＨＥＲＳを兼任していたが、その二つのグループの垣根を越え、ＬＤＨ全体の思いを体現する、「ＥＸＩＬＥ ＴＲＩＢＥ」という大きな括《くく》りの一員であることを強く意識したきっかけとなった。

「日本を元気に」

それは並大抵のことではない。

社を挙げて、アーティスト一同が、それぞれの肩書きを超え、この国に生きる一人として一丸になることから始まっていく。「Ｒｉｓｉｎｇ Ｓｕｎ」のミュージックビデオで表現したような、一人一人が決意を持って、お互いを支え合うこと。そのことこそが、微《かす》かな希望を現実のものにしていくと信じていた。

ＥＸＩＬＥ ＴＲＩＢＥが一丸となり行ったドームツアー「ＴＯＷＥＲ ＯＦ ＷＩＳＨ ２０１２」を終え、次のツアーの話題が出る頃、ついにＨＩＲＯからメンバーへ伝えられた。

「このツアーを最後のツアーとして、年内いっぱいでパフォーマーを引退し、プロデュースに専念しようと思う。以前からメンバーにはその話をしてきたし、みんなもそれを念頭に置いて活動してきてくれた。会社としても、そのための準備をここ数年でしっかりと進め、ＥＸＩＬＥを始め、それぞれのグループにおいてもその準備ができたと思う」

ＨＩＲＯのキャリアの集大成となるライブツアー、それはＥＸＩＬＥにとっても、ＬＤＨにとっても、史上最大のスケールになることだろう。僕は、これまでの活動の経験を全て注ぎ込み、素晴らしいライブを作ることでその餞《はなむけ》にしようと決意した。

ＨＩＲＯがパフォーマーを引退することは、その頃には自然と受け入れられるようになっていた。それよりも、ＨＩＲＯがいなくなることで起こりうる問題や課題をどのように解決していくのかということに意識が移っていた。これは、ＨＩＲＯ自身が数年前からビジョンを共有してくれたことにより、真意や狙いをはっきりと理解し、各パートの課題をＨＩＲＯがそばにいるうちに明確にすることができたからだ。

入念な準備と丁寧な情報の共有は、ＨＩＲＯ自身が特に大切にしていることである。それは、集団を維持していく上で非常に大切なことであり、今ではＬＤＨがプロジェクトを動かしていく上での、ひとつの特徴になっていると感じる。

怠りなく準備がなされ、作り上げられたライブツアーが目前に迫る。

「ＥＸＩＬＥ　ＰＲＩＤＥ」というテーマのもと、一年を駆け抜け、その集大成となる公演になる。そこで僕は、今までに感じたことのない感覚を覚えることになる。

ＨＩＲＯの引退公演となったツアー「ＥＸＩＬＥ ＰＲＩＤＥ」。このツアーテーマは、それ自体がメンバーの合言葉であり、生き様を表現する言葉だと僕は思う。言葉にならない叫び。エンタテインメントに願いを込め、ダンスを基盤とし、グループを作り、音楽とパフォーマンスをこの世界に届けていった。その熱意の炎の一端に触れた僕も、触発された生き様が「ＥＸＩＬＥ ＰＲＩＤＥ」。その言葉は、ある夜に生まれた。

２００９年に行われたアリーナツアー「ＴＨＥ ＭＯＮＳＴＥＲ」の幕開けとなった仙台公演は、無事に成功のうちに終わった。

ＥＸＩＬＥが14人になって初めてのライブであり、どのように受け入れてもらえるのか、それとも、大ブーイングを食らってしまうのか、本番を迎えるまでは、メンバー、スタッフともに大きな不安があった。その不安を全て払拭するかのようなライブの盛り上がりと大歓声に安堵し勇気を得たメンバーは、二日間の連続公演の後、ささやかな食事会を行った。

それぞれが口々に感想を言い合い、会が進み、お開きの時間になった。

会の最後に、２００６年のツアーからのバンドリーダーであり、音楽面をサポートし、ライブのミュージック・ディレクターも務める佐野〝キャプテン〟健二さんから、こんな言葉があった。

「HIROの生き様がEXILEを生み、ここまで歩んできた。そして、新たな世代とともに歩んでいくという大きな挑戦は、良いスタートが切れた。今日のライブがそれを証明している。だからこそ、俺たちは、どんな時でも『絶対、負けない』という気持ちでEXILEであることに誇りを持ちながら、これからも活動していかなければならない。それがHIROの生き様、イコール『EXILE PRIDE』ということだと思う」

その日から、メンバーの合言葉となった「EXILE PRIDE」は、時に自らを鼓舞し、時に自身を律するものとなった。まるでEXILEという別の人格があり、そこに心を寄せていくような感じだ。メンバー自身が、「だってEXILEだから」と、自らの指針として言葉に出すようになっていったのだ。

そのEXILEというグループを体現しているのはHIRO本人だった。

HIROの生き様から生まれたEXILEは、場所を作り、仲間たちが集い、HIROの願う愛すべき未来を共有していく、「生き方」と「生き様」を作っていった。

2013年9月27日の公演の光景は、今でも瞼《まぶた》の裏に焼き付いている。

二十年以上の時を超えて、幸せを届ける「Choo Choo TRAIN」、EXILE

が本気で日本を元気にしようと決意した「Ｒｉｓｉｎｇ Ｓｕｎ」、そして、世代を超えて、命を燃やし、世界を愛するＥＸＩＬＥの決意を込めた「ＥＸＩＬＥ ＰＲＩＤＥ～こんな世界を愛するため～」。

どの曲も、ＨＩＲＯの背中を、横顔を感じながら、僕は全力でパフォーマンスした。時に背後に位置し、時に横並びになりながら、お互いの存在をともに観客にぶつけるように、一心不乱に踊りきった。年齢は14歳離れ、キャリアにも何十年もの差がある。

ステージに立ちたいという新たな夢をくれたＥＸＩＬＥというグループを作り上げたＨＩＲＯと、僕の立場の差は大きい。

しかし、このステージの上での、この瞬間は、その差はなくなったはずだ。

13人の背中が見えている。

その奥には、視界には収まりきらないほどの大観衆が、大きな声で叫び、躍動し、希望を湛《たた》えた瞳でこちらを見つめている。

息が切れ、思考が追いつかなくなってくる。

心臓ははち切れそうなほど脈を打ち、大音量の中でも、自分の鼓動が聞こえる。

あぁ、もう座り込んでしまいたい。

冷たい水をぐいと飲み干し、その場にへたり込んでしまいたい。

足がこれ以上は上がらない、もう一歩も前には進めない。

腕は鉛のように重く、鉄板のように固まってしまった背中も、首も、重たくてしょうがない。

最後まで走り抜ける自信がない。

しかし、この13人の背中に続くのは、僕以外にはいない。何度となく踊った振り付けを受け継ぐのも、この歌声で舞う集団のしんがりを務めるのも、僕以外にはいない。


「日本を元気に」

「Ｌｏｖｅ，Ｄｒｅａｍ，Ｈａｐｐｉｎｅｓｓ」

生まれた国を、未来を背負う子どもたちの環境をより良くするため、そして、これまで歩んできた道を、ＥＸＩＬＥの生き方を証明していくために！　この13人から目をそらしてはいけない。歩みを止めてはいけない、踊りをやめてはいけない！

「絶対、負けない」

その一言がまた、魂に火をつける。

足に、感覚が戻ってくる。

また、翔べる気がする！

ダンサーを「パフォーマー」と呼び、それを広く世に認知させたEXILE。音楽を主軸とするグループでありながら、CDにはパフォーマーの声も、もちろんダンスの映像も収録されることはない。ステージでも、声を持たないパフォーマーだが、それを厭《いと》わず全力で踊る。そんなパフォーマーとしての矜持《きょうじ》が、僕とHIROを、同列で踊らせてくれたのだと信じている。

すれ違う瞬間に交わされたハイタッチは、無遠慮であり、同時に互いを思いやり、目の前の人たちに幸せを届けようという使命が結びつけた唯一無二のものだと感じた。

「昨日までの時を超えて　繋がるはずの想い……」

「こんな世界を愛するために」

僕たちはここで交錯し、お互いの情熱を肉体でぶつけあった。

結ばれた黒髪の先から滴《したた》る汗。体にフィットしたまるで鎧《よろい》のような真っ赤な衣装を身にまとい、目の前にいる人たちを盛り上げるために、心からの叫びを体の躍動に変えて放つ。

優しくて強いHIROの存在を頼りに、14人全員が一つになるのを、一番後ろから感じていた。

「EXILEのパフォーマーはやめることになりますが、EXILE HIROとして、

ＥＸＩＬＥを違った角度から盛り上げていきたいと思うので、応援よろしくお願いいたします」

澄んだ瞳で観客に語りかける様子は、身が引き締まるのと同時に、心の余計な強張《こわば》りを解いてくれる。誰よりも自分に厳しく、誰よりも人に優しい人。

「ずっと、みなさんの人生のパートナーとなる、輝き続けるＥＸＩＬＥを目指して死ぬ気で頑張るので、ずっと人生をともに過ごしてください。よろしくお願いいたします」

言葉通り、自らの人生を懸けてＥＸＩＬＥを作り上げ、関わる人たちに誠意を尽くし、夢と、生きる力を分け合ってきたＨＩＲＯ。

そんな人生を自ら選択し、小さな奇跡を繋げ、大きな奇跡を呼び込んでいった。

そんな人とともに、僕ができることは何なのか。

仕事のパートナーとして、アーティストとして、僕が何かできることはあるのか。そして僕自身は、どんな人生を背負って生きていくのか。

大きな支えであり、灯台の明かりのような道しるべだったＥＸＩＬＥが一つの区切りをつけた瞬間、僕の周りに仄暗《ほのぐら》い気配が忍び寄ってきた。

おたま

三代目でのリーダーという立場や、ビジュアルの印象から「真面目」「まとめ上手」「頭脳派」といったような印象を持たれることが多いが、実はそんなことはない。ある程度抜けていて、ある程度不真面目なのが、本来の自分である。

溜まっていた食器を洗っていた時のこと。仕事が立て込んだりすると、食器や洗濯物が溜まっていくことがある。それを一気に片付けるのが快感ではあるものの、めんどくさい時もある。重い腰を上げてようやく食器洗いに取り掛かる。水が好きな僕は、始めてしまえば食器洗いもストレス解消になり、鼻歌なんて歌いながらだんだんと楽しくなってきたりするのだ。その日は、味噌汁を作っていたため、鍋とおたまも洗い物に含まれていたのだが、段々とハイペースになってノリノリになっていた僕は、洗ったおたまについた洗剤の泡を流そうと、勢いよく水を出した。すると、おたまの「たま」部分に当たった水が勢いよく跳ね、頭頂部から水をかぶった。

こんなことってあるのか？　目の前ですすごうとしたら、頭から水をかぶるなんて。視界から消えた水が頭にかかるなんて。あまりに驚いて、２秒ほど停止した。飛び散った水のせいで、キッチンも水浸しになってしまった。大失敗をしてむしゃくしゃした僕は、一度、食器洗いをやめてソファに体を投げ出した。気持ちを落ち着かせようと深呼吸。目を瞑《つむ》って落ち着こうとする。けれど、どこにも当たることのできないこのムカムカした気持ちのやりようがなく、どうしたものかと思い、スマホを手に取り、「おたま　水はね」とｇｏｏｇｌｅで検索をした。すると、出てくる出てくる同じような体験をした人たち。みんな同じような失敗をするんだな。その途端に、急に自分のことがおかしくなった。家で一人でノリノリでおたまを洗っていたら、頭がずぶ濡れになってしまった。あほらしくてしょうがない。笑いがこみあげてきた。気持ちが落ち着き、またキッチンに戻り、せっせと水を拭きあげた。幸か不幸か、おかげで、ピカピカになったキッチン。なんだか得したような気分になった。

第二幕

EXILEという夢の作り方

一場　ＥＸＩＬＥの秘密と僕の体

ＥＸＩＬＥという夢。

それは白昼夢や幻の話ではなく、もてはやされ、囃《はや》し立てられることでもなく、もっと具体的な方法論のことである。このピースを動かせば、あのピースがずれる。そういったものを調整し、自らが歩むべき道、目の前の道を整えていくためのもの。社会と関わり、厳しい環境の中で生き残っていくための、サバイバル術である。

夢は、決して一つではない。

そもそも、夢が見つからない、また、持てないこともあるだろう。その期間は、夢を育《はぐく》むための土壌を耕している最中であり、肥沃《ひよく》な大地を自らの内に育てていると考えてほしい。それほど豊かな、麗《うるわ》しい時間は他にはないのだから、十分に味わってほしい。

その先に、もし夢が生まれたら、その道を選択することで小さな奇跡を呼び寄せられるかもしれない。

夢を持つことで、人は自らを再発見する。

夢に近づこうとすることで、一つの道が切り開かれる。

夢が叶ったり、また、惜しくも叶わなかったりしても、新たな夢が、生まれたりする。人生は一方通行で、まっすぐに進んでいく。それぞれ異なるスピードで、それぞれが道の途中に駅を置き、目標地点にしたり、休憩したり、とペースを考えながら進んでいく。

夢とは、その一つ一つの駅、つまり点なのである。

その点と点をつなぎ、線にしていくのが人生であるとするならば、自らの線を他人の線と交錯させ、重ね合わせていくことが、僕にとってのＥＸＩＬＥだった。

夢が叶ったり、叶わなかったりすることだけが問題ではない。点と点の間には、その人自身が悩み苦しみ、もがいた経過が記されている。本人にはとても辛いことでも、そうした有り様を見せることで、周りの人を励まし、支え、共感が生まれることもある。

ＥＸＩＬＥは、夢を叶えようとする過程を惜しみなくさらけ出してきた。

筆頭であるＨＩＲＯの人生観と経験が、人を引き寄せ、ＥＸＩＬＥを生み出した。そして、グループに引き寄せられ、また新たな世代が集まってきた。

「Ｌｏｖｅ，Ｄｒｅａｍ，Ｈａｐｐｉｎｅｓｓ」に込められた思いにシンパシーを感じた僕たちは、共通点を持っており、各自が持つ思いを明確にし、掛け合わせることによって、一人では生み出すことのできないシナジーを発生させていく。その過程に魅力がある。ある人に、「ＥＸＩＬＥはドキュメンタリー商法だ」と揶揄されたことがあったが、もしかしたらある意味、それは正しいのかもしれない。

大切なのは、そこに人を動かす力があるかどうかだ。本人が、あまり好ましくないと思っている部分をさらけ出したとしても、一生懸命取り組んでいれば、救われる人はきっといる。そう信じて活動しているし、僕はそんな姿のメンバーを見て救われた。

ＥＸＩＬＥに加入する前に観た、ある番組。ＥＸＩＬＥ特集をやっていた。パフォーマンスが気になる僕は、テレビの前に待機した。放送された内容は、これまでの六年間の歩みを辿るというもの。そこで、一人のメンバーへの言及があった。

ＭＡＴＳＵ（松本利夫）は、ＥＸＩＬＥのオリジナルメンバーとして、グループ創成期から支え、その明るい人柄で、ムードメイカーの役割を果たしていた。しかし、そんな明るさの裏では、国の特定疾患に指定されている難病を抱えていた。

ある朝、目が覚めると、片目が見えなくなっていた。ベーチェット病に冒されながらも、ＥＸＩＬＥで踊り続けることを決意し、病気を告白し、活動を続けていた。苦難の中で、メンバーと共に歩む姿に、僕はＭＡＴＳＵの強さ、思いの強さを感じた。

病気を抱えながら生きていく。

それは、どんなに大変なことだろうか。

この時は思いもしなかったが、のちに僕自身も、ある選択に直面することになる。


２０１１年冬。

甚大な被害をもたらした大災害を経て、日本に元気を届けたいと、「願いの塔」という言葉からインスパイアされ、そこに人々の願いが集まっていく、というストーリーを描いた。

「ＴＯＷＥＲ ＯＦ ＷＩＳＨ」と題されたツアーでは、久しぶりになるセンターステージを採用し、中心に、高さ40ｍを超える塔のセットを組み上げた。３月11日に発生した東日本大震災からの復興を願い、行われたこのツアーは、ＥＸＩＬＥとしても格別の思いがあったことから、翌年にも、このツアーの続きとなる、ＥＸＩＬＥ ＴＲＩＢＥが一堂に介しスケールアップした「ＴＯＷＥＲ ＯＦ ＷＩＳＨ」ツアーも準備していた。


いくつかの公演を経て、ようやくライブのペースに慣れてきた２０１１年の年末、一つの出来事が起きた。

「早替え」と呼ばれる、短時間での衣装チェンジのために、ある曲のパフォーマンスの終わりでステージ上からはけた後でのことだった。

着替え場に走って向かっていると、急に目の前が真っ暗になった。しかも目がチカチカして、焦点が定まらない。何が起きたかわからず、手探りでゆっくり体を確認すると、どうやら、床に仰向けで倒れていることがわかった。ようやく視界がひらけてくると、ステージを組み上げている鉄骨が見えてくる。

「大丈夫ですか⁉」

とスタッフが声をかけてきた。

ステージ下は、天井が低く、僕はいつも屈みながら通行するのだが、今日はあまりに急いでいたせいか、頭を鉄骨にぶつけ、体ごとひっくり返ってしまったのだった。

意識がはっきりしてきたので、頭を触ると、裂傷はどこにもなかった。

「大丈夫です。急ぎましょう」

と返事をし、着替え場に急ぐ。

幸いにも大きな問題はなく、その日は滞りなくステージを終了することができた。

無事に連続公演を終え、家に戻ると、頭部に大きなコブができていることに気づいた。

公演中はアドレナリンが分泌されており、痛みや異変に気づきにくい。少し心配になった僕は、かかりつけの病院で、頭部の検査を行った。

診察室に案内されると、医師は真剣にＭＲＩ画像を見ていた。

「頭部には、これといった異常は見られません。ただ……」

そう医師は口を開くと、もう一度ＭＲＩ画像に目をこらす。

「ただ……何でしょう？」

と僕が促すと医師は、

「頸椎《けいつい》部に異常が見られる。神経を圧迫している可能性があります。これは、脊椎脊髄外科の専門の医師に診てもらう方が良いでしょう」

と言った。

首の神経に異常がある？　確かに、これまでのダンサーとしての活動の中で、首は何度も痛めたことはあるが……。

どういうことなのだろう。

僕は知り合いのつてを頼り、脊椎脊髄外科のスペシャリストを紹介してもらった。

「脊柱管《せきちゆうかん》狭窄症《きようさくしよう》による、神経の圧迫が見られます。手先や指に痺《しび》れはありませんか？」

大学病院で検査し直した僕に、ＭＲＩの結果を見ながら医師はそう言った。

「手や指に痺れ……」

実は、その頃、左手の人差し指と中指の感覚が、少し鈍くなっていた。また、左腿の表面の感覚も、薄いゴムを一枚噛ませたかのような鈍さがあった。

「……はい、少し感じています」

誰にも言えなかったことを、初めて口に出した。

「そうでしょう。頸椎部にスネーク・アイと呼ばれる神経の損傷が見られます。小林さんのこの脊柱管の細さですと、何度も首を回したり後ろに倒すことによって損傷したものと思われます」

心当たりがあった。

「この部分の細さは、おそらく先天的なものです。現在はあまり支障は感じないかもしれませんが、小林さんの職業のことを考えると、このまま放置しておいたら損傷は悪化していく可能性があります。この先を考えると、手術をし、狭くなった脊柱管を開放することで、これ以上の損傷を防ぐことが見込めます」

「首の手術ですか?」

「そうです」

医師の突然の提案に、すぐに返答が出せずに言葉を飲み込んだ。

「一度、ゆっくり考えさせてください」

首を手術することになるかもしれない。

この年のツアーはあと数公演で終了するが、来年にもツアーは控えている。また、首の神経の管を手術で広げれば、最悪の場合、神経自体を傷つけることもある。全ての神経が集中している首の神経を傷つけたら、半身不随になる可能性だってある。

もしかしたら、踊れなくなるかもしれない。いや、歩けなくなるのかも。

怖い。

これまで当たり前だったことが、当たり前じゃなくなることが、こんなにも怖いことだなんて……。

しかし同時に、この先の十年も踊り続けるために、不安を解消しておきたい気持ちもあった。

悩みに悩んだが、答えは出ない。それでも、せっかくＥＸＩＬＥになれたこの人生を悔いなく生きたかった。

「直己がそうしたいのなら、全力で応援する。困ったことがあったら、なんでも言ってほしい」

とＨＩＲＯ。

そして、メンバーに首の手術について相談すると、全員が温かい言葉をくれた。

印象に残ったのはＭＡＴＳＵの言葉だ。

「直己、怖いよな。わかるよ」

〝怖さ〟にまず共感してくれたのだ。

僕は自分と向き合い、選択した。

手術をする――そうと決めてからは、もう迷いはなかった。

古くから面倒を見てくれているスタッフに紹介してもらった、信頼できる医師と治療プランを練り上げ、手術日を設定する。両親にも足を運んでもらい、改めて想いを伝え同意書に署名してもらった。僕のことを理解し、応援を続けてくれる二人には感謝しかない。


そして――無事に手術は終了した。

手術の数日後、三代目 J SOUL BROTHERSのメンバーが見舞いに来てくれた。

実はその日、メンバーはミュージックステーションへの出演を控えていた。生放送で繰り広げられるパフォーマンスに、僕自身も昔から食い入るように観ていた番組だ。その前に皆で顔を見せに来てくれたのだった。

「直己さんの分まで、パフォーマンスしてきますよ！」

「うん、病室のテレビで絶対に観るから」

そんなやりとりをして別れた。

夜8時、テレビの前にスタンバイし、今か今かと三代目 J SOUL BROTHERSの登場を待つ。すでに消灯時間は過ぎており、テレビを観てはいけないのだが、今夜だけは特別に許可をもらった。部屋の明かりはつけず、イヤホンをつけて待機する。

ついに順番が来た。

新曲で新しい衣装。

この衣装に、僕はまだ、袖を通したことはない。今回のプロモーションに僕が参加することもない。治療のため、6人に任せることになっている。

「それではお聞きください。三代目 J SOUL BROTHERSの新曲『Go my way』です」

アナウンサーの声が始まりを告げる。

自分のグループをこうしてテレビで観ることは初めてだった。

「Ready! Go my way!」

「あわてないで　いつでも君らしく　心ひとつ Always with you」

そんな風に、歌う声が耳に届いた。

ひたむきに歌い、踊るメンバーの姿を見ていると、こみ上げるものを抑えきれなくなった。この手術が失敗していたら、この術後の体が元に戻らなかったら、いつまでも病室から抜け出せなかったら――。

心の奥底に隠していた不安が、一気に噴出してきた。

でも、テレビに映るメンバーの姿が、その不安を少しずつ、和らげてくれる。

汗を流し、一生懸命画面の向こうでパフォーマンスする姿に、こんなにも勇気づけられるなんて――。

楽しそうに、時に真剣に、楽曲に込められたメッセージを届ける。

それだけで心が救われる。

エンタテインメントや、アーティストが存在する意味がわかったような気がした。


僕は、三代目 J SOUL BROTHERSに元気をもらった。

リハビリを耐え抜く勇気をもらった。

だからこそ、絶対にグループに戻り、パフォーマンスを続けなければならない。

あの日、真っ暗な病室で一人テレビを観ていた自分に届くように。


あのパフォーマンスをテレビで観た後、改めて治療に専念した。治療を終え、リハビリを続け、ツアーのリハーサルにも徐々に参加できるようになっていった。

序盤は、椅子に座って見るだけ。「目」でリハーサルに参加した。目だけで振り付けを覚え、立ち位置を覚え、体が回復したらすぐに参加できる態勢を整えていたのだ。

そんな時にも常にMATSUは、笑いながら、

「焦らない、焦らない。大丈夫だから」

と繰り返した。

その一言にどれだけ励まされたか。


3ヶ月後、僕は、衣装を着て、ドームツアーのステージの上にいた。

久しぶりに立つステージは、これまでのどのライブとも違っていた。

目に見える形で、多くの人に直接支えられ、僕はこのステージに立っている。あの病室でひたすら願った、パフォーマンスだ。

この3ヶ月、一つのことに、これほど集中したことはこれまでなかった。医者が保証する、最短の治療プランでたどり着けるように取り組んできた。医者からの許可も下り、万全に準備はしてきたつもりだ。


ついに、本番が始まる。

メンバーが巨大なLEDパネルの内側で立ち位置に就くと、会場が暗転し、オープニン

グ映像が流れ出す。会場は大歓声に包まれ、1分も経たないうちにメンバーがステージに揃う。興奮に包まれた会場は、熱気でどんどん湿度を増していき、まだ開演していないにもかかわらず、汗が噴き出してくる。

　十分に準備したはずだ。

　傷も完治している。

　リハビリだって欠かさずに行ってきた。

　それでも、不安が拭い切れない僕は、左手で首の傷跡を触っていた。

　すると、右隣に立っていたMATSUが近づいてきた。

　何かトラブルが起きたのだろうか？　他のメンバーは、すでに臨戦態勢に入っている。自然とその張り詰めた雰囲気に引っ張られていた。しかし、MATSUは、笑ってこう言った。

「直己、焦らない、焦らない。完走することが大事。力む気持ちもわかるけど、体は正直だから。俺もそうだった。直己がここにいるだけで伝わるから。いいね。わかった？」

　そして、優しく、ポンと肩に触れ、自分の立ち位置に戻っていった。

　歌や踊りで何かを伝えること。

　それには、並大抵ではない努力と、気の遠くなるような鍛錬の時間が必要である。その過程を経て初めて、生み出せる芸術であると思う。同時に、歌や踊りが、何かを伝えるためのツールだと考えるならば、大切なのはそれを動かす人間力なのではないだろうか。

これは歌や踊りだけでなく、もしかしたら、全ての物事に共通する話なのかもしれない。

ＭＡＴＳＵは、その大切さを教えてくれた。

ＭＡＴＳＵの言葉に説得力があるのは、何よりも彼自身が経験し、感じたからなのだろう。

ＭＡＴＳＵはいつも笑っている。

彼の大切にしている言葉「一日一笑」のとおり、その姿勢は日々伝わってくる。それを絶え間無く実行するＭＡＴＳＵは、優しく、そして、強い。

人柄と生き方。これが、ＥＸＩＬＥの秘密なんだな、と肌で感じた瞬間だった。僕もそうなりたい、と新たな夢を得たきっかけにもなった。

二場　人を動かす力

三代目 J SOUL BROTHERSは、EXILEの思いを受け継ぐ、新たなグループとして誕生した。EXILEの前身、J Soul Brothersの名前を受け継いで、EXILE新メンバーとなった二代目 J Soul Brothersに続き、2010年に三代目として結成された。

僕とNAOTOがリーダーになり、EXILEと兼任する形で在籍している。そして、プロデューサーはHIROが務め、EXILEでの経験を反映させ、時代に合わせたアレンジを加えながら7人のメンバーで活動している。

ちなみに、リーダーといっても、名ばかりで、いわゆる「現場監督」のような存在だ。僕自身は、HIROがリーダーという感覚がある。

学生時代からバンド活動や弾き語りをしていたので、シンガーソングライターという存在に憧れに近い気持ちを抱いていた。心の内を、自らが生み出した楽曲で、世の中に叫んでいく。そのような表現でしか伝えられないものがあり、楽曲が生み出された背景にある、リアリティに敵《かな》うものはないと感じていた。

三代目 J SOUL BROTHERSは、そうした存在とは真逆のグループだった。EXILEの意思を受け継ぎ、EXILEの前身グループの名前を引き継ぎ、EXILEに憧れた7人のメンバーで、グループを結成した。この十年間を振り返ると、前半は特に、HIROが描くビジョンのもとで活動を続けていた。

メンバーは、デビュー当初からドームツアーを夢見ていた。ミリオンヒットや楽曲がランキング1位になることを想像した。初めて体験する現場の数々に、楽しみや苦しみを味わいながら、一歩ずつ歩んできた。EXILEという存在を間近に意識しながら、EXILEの夢が叶っている姿を間近で見て、三代目メンバーが抱いている途方もない夢に対しても現実感を持つことができていた。

デビュー当時から抱いていたドームツアーなどの途方もない夢は、結果的に、EXILEの思いを受け継ぐ上でも必要な規模感だった。そしてそれは三代目にとって、活動を行っていく上での良いモチベーションとなっていた。

HIROのプロデュースは、メンバー一人一人の思いや感覚を、具体的な形にすべく、さまざまなプロジェクトを実現させていった。それは、人と人とを繋ぎ、コーディネートしていくことである。アーティストとしてだけでなく、人として成長させていくことを大切にするのがＨＩＲＯのプロデュースの特徴だった。

20歳くらいの頃は、まだ社会のことは何もわからず、組織の一員であることにも実感を持てなかった。それ以上に、自立した個人として認めてもらいたい、という欲求が全てにおいて勝っていた。そんな時代の僕は、視野が狭くなり、活動のスケールを小さくしたりと、独りよがりな決断に陥ってしまっていた。

しかし、ＨＩＲＯは、そんな当人の思いや若者世代の欲求を理解し、長い目で見て、理想にたどり着けるよう、夢の実現へとチャレンジを促したり、違った形でのアプローチを提案したりする。同時に、関係スタッフには、当人の思いを伝え、その上でまだ本人も気づいていない悩みや、立ちはだかるだろう壁を共有し、周囲にサポートを依頼する。つまり、「通訳」の役割をしてくれるのだ。


自分の趣味嗜好や、漠然と感じていることをＨＩＲＯに話すと、

「それはつまり、こういうことじゃないのかな」

と、本人のアーティストとしてのイメージや人間性、また、年齢や立場に合わせて適確なアドバイスをくれる。対話を通じて自らの考えを整理し、俯瞰《ふかん》することができるようになるのだ。ＨＩＲＯはアーティストとしての成長を促しながら、混乱している時期特有の葛藤を輝きに変え、魅力として見せる方法を提案してくれる。

なぜＨＩＲＯは漠然とした「思い」を形にできるのか。

かつて自分自身が辿ってきた道だから、と本人から聞いたことがある。二十代前半で始まったＨＩＲＯ自身のアーティスト人生は、決して順風満帆と言えるものではなかった。

「だからこそ、今のＬＤＨがあるんだけれど」

とＨＩＲＯは言う。

その一瞬一瞬で生まれた、整理し切れない感情の一つ一つから学びを得てきたのだ。だからこそ同じくアーティストとして歩む、若い世代の気持ちが、手に取るようにわかるという。

「自分と同じ回り道をしてほしくない」

という気持ちでサポートし続けているのである。

そんなＨＩＲＯの思いが所属アーティストを成長させる。若い時は、同世代と一緒に過ごすだけでは言葉にできないこともある。しかし、プロデュースという形をとるからこそ、ある意味で背伸びをしたようなメッセージも発することができ、人としての器を広げてくれることがある。

例えば、ＥＸＩＬＥに加入直後の僕は、夢に挑戦し始めたばかりであり、新たな世代や子どもたちに対して、何かメッセージを発する、ということは考えられなかった。しかし、加入後に取材などを通じて、EXILEの一員として、HIROをはじめとするメンバーの言葉を代弁しているうちに、はじめは彼らの言葉であった「Love，Dream，Happiness」や「愛すべき未来へ」という言葉が、今では自然に口をついて出てくるようになった。当初は、ただの言葉でしかなかったものが、その言葉を発していくことで、自然と多方面にわたって興味を持つようになり、社会貢献活動や、子どもたちに向けて自分に何ができるのか、といったようなところにまで発想が広がった。調べたり、活動に参加したり、という実体験を通じて、考えられるようになったのだ。

そういった心境の変化は、三代目 J SOUL BROTHERSのリーダーになり、責任と自覚を持てたことにも繋がっている。立場を与えられることで、人は成長していく。僕を信頼し、成長させてくれたHIROには、感謝の気持ちしかない。

三代目 J SOUL BROTHERSには「starting over」という曲がある。

「この星に生まれ…生きる　その意味を今　もっと深く見つめたい」

と歌うこの曲は、三代目 J SOUL BROTHERSにとって初めてのドームツアーとなった「BLUE PLANET」ツアーのエンディングソングとして制作された。

デビュー当時からの夢であったドームツアーを実現する僕たちが、その夢のステージで伝えたいことは何なのか。

「夢の先に別の夢があるって気付かせてくれた　あなたと」

一緒に、このツアーを経て向かう先はどこなのか、そういったメンバーの思いを、一気に広げてくれたのはＨＩＲＯだった。

「ｓｔａｒｔｉｎｇ　ｏｖｅｒ」は、ツアータイトルの「ＢＬＵＥ　ＰＬＡＮＥＴ」、つまり「青い惑星」から連想される地球と、憧れから夢を叶えたメンバーを重ね合わせ、進んでいく僕たちに「少しだけ先の」景色を見せるべく、ＨＩＲＯがプロデュースしてくれた曲だった。

プロデュースされるからこその魅力。

それは、ポテンシャルを最大限に引き出すものだと感じた瞬間であり、正しくプロデュースされることが、人生にとって大切なのだということを僕はＨＩＲＯから学んだ。今、僕がいる場所、ＬＤＨは人を成長させる場所だと感じた。

「自分の人生をこの人になら預けることができる」

と思わせるところが、ＨＩＲＯの魅力であり、人を動かす力の根本なのだとも気づいた。

三場　末っ子がリーダーに

三代目 J SOUL BROTHERSはいかにして生まれたのか。

2009年、EXILE加入後に初めて臨んだアリーナツアー「THE MONSTER」。スケジュールも、ようやく後半戦に差し掛かってきたある日、いつものリハーサルスタジオでHIROが唐突にEXILEメンバーに告げた。

「J Soul Brothersを復活させようと思うんだけど、どう思う?」

休憩中、流した汗を拭き、ドリンクを飲んでいた。たわいもない話が膨らんで、ついつい休憩時間が延びていた。いつもの和気藹々《わきあいあい》とした風景である。そんな中で飛び出したHIROの言葉だった。

「どうって……うん、面白いんじゃないですかね」

そんな言葉がパラパラとこぼれる。

僕を含む、EXILEの新メンバー7人は、EXILEの前身のグループ、初代

J Soul Brothersの名前を受け継ぎ、2007年から新生・J Soul Brothersとして活動していた。インディーズ活動を経て、2009年2月に、その活動の集大成となるメジャーデビューアルバムをリリース。そして翌3月に、EXILEの新メンバーとしてグループに加入した。

僕自身、HIROの言葉の真意を読み取れずに探っていた。

「やっぱりJ Soul Brothersの名前を、このまま終わらせるのではなく、何か形にできないかと考えていたんだ」

新たにJ Soul Brothersの名前を引き継ぐグループが生まれる。ものすごくワクワクする。

当時、LDHにはEXILE TRIBEは存在せず、EXILEがメインで活動していた。そこに、新たな仲間が加わる。これまで以上の大きな流れを生み出す。すごいことになりそうだ。

「いいですね」

「なんか、可能性が広がる感じですね」

と、他のメンバーからもポジティブな言葉が続く。

EXILEは「同じ釜の飯を食う」ことで、言葉や温度感を共有し、こういった新たなことを受け入れやすい土壌を作っている。ＥＸＩＬＥというグループの良さの一つだ。

カジュアルな雰囲気になっていく中、ＨＩＲＯは続ける。

「二代目の時も、元々ＥＸＩＬＥのそばにいた、ケンチ、啓司、ＴＥＴＳＵＹＡがメンバーにいたことで、ＥＸＩＬＥの想いやＬＤＨらしさを共有することができた。次の世代のグループも、全く新しいメンバーでいくよりも、誰かが繋いでいった方がいいんじゃないかと思っている」

「確かに」

「それはその方がいいですね」

と、賛同の声が続く。そして、ＨＩＲＯが言う。

「だとしたら、世代的にも、やっぱＮＡＯＴＯと直己なのかな」

想像もしていなかった展開に、僕とＮＡＯＴＯは口を揃えた。

「いやいや、いやいや！」

瞬間、スタジオは笑いに包まれた。

「いや〜、やっちゃうんじゃないの」

「そんなことないですよ」

「とか言ってさ」

「ないです、ないです」

パフォーマーで一番年下のＮＡＯＴＯと僕は、末っ子がリーダーになるという話を端《はな》から信じていなかったし、引き受ける気もなかった。すると、ＨＩＲＯが「冗談だけど」と笑顔を見せた。この日一番の笑いにスタジオは包まれた。

リハーサルの休憩中や、テレビ局の楽屋で、たわいもない話が始まると、自然と話題は「リーダー」の方へ。

「いやいや、そんなことはないですよ」

と否定はするものの、いつの間にか、

「新たなＪ Ｓｏｕｌ Ｂｒｏｔｈｅｒｓが生まれたら」

「ＮＡＯＴＯ、直己がリーダーになったら」

などと話題になっていった。

Ｊ Ｓｏｕｌ Ｂｒｏｔｈｅｒｓが復活することは、いつのまにか現実味を帯びてきたのだ。

そして、アリーナツアー「ＴＨＥ ＭＯＮＳＴＥＲ」も残り数公演となった頃、公演先で、ＨＩＲＯから僕とＮＡＯＴＯは食事に誘われた。

まっすぐに、こちらを見据えながらＨＩＲＯは切り出した。

「Ｊ　Ｓｏｕｌ　Ｂｒｏｔｈｅｒｓを再始動させ、そのグループに二人がリーダーとして、参加してほしいと思うんだけど、どう思う？」

くだけた雰囲気のリハーサルの時とは打って変わり、ＨＩＲＯは真剣に僕たちの意見に耳を傾けようとしてくれた。

実は、こういった食事会があることを予測していた。一見、冗談のような雰囲気を作りながらも、ＨＩＲＯは一度も僕とＮＡＯＴＯがリーダーになることを否定はせず、それぞれの様子を注視し続けていたようだ。冗談には必ず真実が含まれている。

冗談を交えながら、前向きにアイデアや意見を浸透させていく。これも、ＨＩＲＯらしい手法だった。そのおかげで、僕自身も、Ｊ　Ｓｏｕｌ　Ｂｒｏｔｈｅｒｓの再始動と、リーダーについて考え、どんなことが起きるのか予測したりしていた。どうやら、ＮＡＯＴＯもそうだったようだ。

いくつかの質問をした後、二人とも迷いなく答えた。

「受けさせていただきます」

僕は三代目　Ｊ　ＳＯＵＬ　ＢＲＯＴＨＥＲＳに参加することを選択した。自らの意思で兼任を選んだのだ。

ただ、そこから、多くの奇跡が生まれることなんか、正直想像すらしていなかった。しかし、二代目が初代から繋げられ、二代目の中でも先輩からその想いを繋げてもらったように、自分もこれからの世代に繋げていくことができる。これほど名誉なことがあるだろうか。

「二人にとっても、良い機会になるんじゃないかと思う。二代目 J Soul Brothers にも後から加入した二人は、EXILEの中にいると組織の一員としての活動と、表現者としてのフラストレーションとで板挟みになると思う。そういったものを解消する意味でも思いっきり活動してほしい」

とHIROは言った。

こうしてEXILEの末っ子である僕とNAOTOは、三代目 J SOUL BROTHERSのリーダーとなった。

LDHとして、先を見つめる大きなビジョンを、メンバーの状況や感覚、夢と掛け合わせ実現していく方法は、組織の可能性を無限に広げていく。

今、こうして振り返れば、あの時の状況や意味に気づくが、当時の僕は、とにかく目の前に新たな目標を掲げてもらい、取り組むことに喜びを感じていた。火にガソリンを注ぐが如く、モチベーションを常に焚《た》きつけてもらっていた。可能性を十分に広げられるよう、選択肢を提示された。そして、自ら選択した。

今考えると、それほどまでに、HIROは僕のことを理解してくれていたのかと思うと、少し恥ずかしくなってくる。

そうして、三代目 J SOUL BROTHERSの物語は始まっていった。

四場　EXILEの口癖

ＥＸＩＬＥのことを語る時、よく使われる言葉がいくつかある。

「Ｌｏｖｅ，Ｄｒｅａｍ，Ｈａｐｐｉｎｅｓｓ」

はもちろんのこと、

「日本を元気に」

「絶対負けない」

「ピンチはチャンス」

などである。

言葉を口癖、いや、合言葉のように口にすることにより、辛い状況を打破し、メンバー同士も鼓舞し合ってきた。


水商売、という言葉があるように、芸能界、ひいては人気商売というのは、とても不安定なものだ。僕たちの音楽はＪ‐ＰＯＰと呼ばれるが、その〝ポップ〟の言葉通り、Ｐｏｐｕｌａｒ《ポピュラー》（人気のある、評判の良い）であることが条件であり、最も移ろいやすいものの一つである。
明確な指標がないまま、作品を通じ、世の中との対話を繰り返す中で、評価を受けていく。その上で、この業界の特徴でもあるのが、評価を受けるその商品が、生きている人間だということだ。

誰もが、変化を繰り返し、成長していく。アーティストは、その成長を商品に変えていく。それぞれが自らのリズムを持ち、プロとして技術やキャラクター性を高め、評価に変えていく。そんな活動を受け取った人の中で生まれた感動や元気は、数字で表すことはできない。

一方で、アーティストは常に批判の目に晒《さら》されているので、「現状維持は、停滞ではなく後退」とも言われたりする。そして同時に「あの人は変わってしまった」とも。世の相対的評価が自分の本当の価値だと思ってしまい、それによって時に自分自身を見失ってしまうことすらある。

ＥＸＩＬＥがメンバー編成を14人体制に替えた２００９年頃、ＥＸＩＬＥの会員専用サイトが、ネガティブな意見であふれたことがあった。
「なぜ14人にしてしまったのか」

「7人のEXILEが見たい」

などといった多くのファンの思いが書き込まれ、さすがのオリジナルメンバーも、辛い表情をしていた。もちろん、メンバーも、「7人が14人になった」という発表だけで、この先のビジョンを、一度に全て共有できるとは思ってはいなかった。

数年後に、HIROがこの頃を振り返り、予想を上回る数の辛らつなコメントに、これほどまでに逆風が吹いてしまうのかと苦笑いを見せたことがあった。


そんな逆境の中にあっても、僕たちはまっすぐ前を見据え続けた。

HIROはメンバーに告げた。

「でも、それだけ注目されているということだから。これからの14人での初めてとなるツアーで、しっかりと新たなEXILE、そして、このメンバー増員の意味を伝え、感じてもらうことができれば、逆風は追い風に変わることになる。ピンチはチャンスだから」

この「ピンチはチャンス」という言葉は、EXILEの活動において、たびたび登場し、重要な局面を乗り越えるキーワードのようなものだ。
前身であるJ Soul Brothers時代でもピンチの中、出会いがグループを進化させている。EXILE第二章の始まりでは、AKIRA、そして新ヴォーカル加入に向けた全国オーディションを開催し、TAKAHIROが加わった。そのオーディションは、日本全国を巻き込んだ。オーディションに敢えて「メンバーの危機感」を出すという発想の転換は、振り返ると、まさにEXILE劇場といっても過言ではない。

この出来事が、第二章のスタートダッシュに向けた起爆剤となった。

賛否両論、批判を恐れず、守りに入らない。

一生攻め続け、安住しない。

破壊と創造を繰り返すEXILEスタイルは、14人での初となるアリーナツアーの演出にも反映された。オープニングで巨大な大神殿にオリジナルメンバーが、「THE NEXT DOOR」という曲で登場。その神殿を自らの手で壊し、次の扉を開くと、EXILE14人体制のスタートを切った「Someday」で再登場。まさに、「体感できるストーリー」として、体制の変化を観客と共有したのだ。

「あれから数えきれないほど夢を叶えてきたけど　心はまだ君を思ってるよ」

というフレーズは、次世代に夢を本気で繋ぐために、新しいメンバーを増やしていくという、EXILEの決意が込められたメッセージだった。

オリジナルのメンバーだけで活動し、グループをいずれ終わらせていくものではなく、

「夢が叶う場所」として残していくために。人と人との出会いが夢を生み、夢が新たな出会いを生み出し、広がっていく思いの連鎖をつなぐために。

芸能界や「Ｐｏｐｕｌａｒ」には、賞味期限があるという永遠の宿命を超え、無限に夢を広げていくために。ＥＸＩＬＥは、ひとつのアーティストグループを超え、「生き方」となった。

だからこそ、ＥＸＩＬＥに加入した僕は、早くＥＸＩＬＥにならなければいけなかった。メンバーになったからといって、僕はまだＥＸＩＬＥの「生き方」にはなれなかった。ＥＸＩＬＥとは、「生き様」のことで、それは決して、「立場や職業やジャンル」などではなかった。

ただ、組織にいるだけでは、メンバーの資格はない。ＥＸＩＬＥになること、ＥＸＩＬＥであり続けることへの努力が必要なのだ、とオリジナルメンバーの言葉と活動に接して感じた。

五場　ＳＨＯＫＩＣＨＩのセカンド・チャンス

同じく、「ピンチはチャンス」「絶対負けない」を地でいくメンバーがいる。

ヴォーカル＆パフォーマーとして、ＥＸＩＬＥ、そして、第二世代であるＥＸＩＬＥ ＴＨＥ ＳＥＣＯＮＤを牽引《けんいん》するＳＨＯＫＩＣＨＩだ。

学生時代からバンドを組み、音楽にのめり込んだ彼は、その後、コーラスグループや、ソロシンガーとして経験を積みながら、いつかプロのアーティストになるべく、鍛錬を怠らなかった。

そして、ＴＡＫＡＨＩＲＯが選ばれたＶＯＣＡＬ ＢＡＴＴＬＥ ＡＵＤＩＴＩＯＮ ２００６～ＡＳＩＡＮ ＤＲＥＡＭ～に参加した。

オーディションでは、地元・北海道で行われた一次審査に参加し、高い歌唱力と、ＥＸＩＬＥへの熱き思いを印象付け、東京で行われた三次審査にまで進出した。しかし、惜しくも決勝には残ることができなかった。

オーディションを終えた彼は、帰路につく飛行機の中、東京の街を空から眺め、「（今に）

見てろよ、東京」と、悔しさを次に進むモチベーションに変え、必ずここに戻ってくると決意を固めたという。

ここからがＳＨＯＫＩＣＨＩのすごいところだ。

北海道に戻った後も決意の炎は消えることなく、むしろ、より熱く燃やした。

さらに歌のレベルを上げるべく、札幌に開校したばかりのＬＤＨのヴォーカルスクール、「ＥＸＰＧ ＳＴＵＤＩＯ ＳＡＰＰＯＲＯ」に通い、歌の技術を磨くとともに、ＬＤＨへのアピールも絶え間なく行っていた。

そんな活動は、東京にまで轟《とどろ》き、ＥＸＩＬＥメンバーが札幌校へ来校する際には、その場に呼ばれるほどであった。彼は、オーディションに落ちてしまったという挫折を確実にチャンスに変えていったのだ。

その後、２００７年に結成された、二代目Ｊ Ｓｏｕｌ Ｂｒｏｔｈｅｒｓのヴォーカルに選ばれ、２００９年に、ＥＸＩＬＥに加入した。オーディションを受けたタイミングは違えど、目的を達成し、「ＥＸＩＬＥになる」という夢を叶えたのだ。

叶わなかった夢でも、ひたむきに取り組んだその経験は、必ずどこかで役に立つ。

そして、形を変えて叶う夢がある。

自分を信じ、挑戦するという選択がある。

それらを教えてくれたＳＨＯＫＩＣＨＩに、僕は憧れている。

彼のまっすぐな瞳と、ひたむきな姿勢は、周りの人を巻き込んでいく。

自らの夢を追いながらも、他人を思いやるＳＨＯＫＩＣＨＩの姿が、自然と応援したくなるのだ。

そうした人間性は、彼自身が選択し、歩んできた道のりや経験から、身についていったものではないだろうか。

優しさと強さが同居した素晴らしい人間性。

彼のアーティストとしてのキャラクターにも表れている。

いまだなお、進化の過程にいるＳＨＯＫＩＣＨＩの姿は、これからもたくさんの人の目を惹きつけるだろう。

かく言う僕もその一人である。

六場　大人が持つ夢／叶った夢は、諦めなかったものだけ

「夢」という言葉は、大きな力を持っている。

くじけそうな時に踏ん張り、負けそうな時に一歩前に踏み出す勇気をくれる。

しかし、同時に残酷でもある。甘美な響きに惑わされ、状況を見誤り、事態を深刻化させる。

また、夢には影響力がある。

夢そのものにピンとこない人たちに対し、大きなプレッシャーを与えるからだ。夢を持たなければいけないのか、と。

僕自身も、自らの行動理由を説明する上で、「夢」という言葉を多用することがあるが、自らを奮い立たせてくれる、負けそうな時に一歩踏み出させてくれる「夢」と、大言壮語《たいげんそうご》を吐くような、言い訳に使われるような「夢」との境界線は、しっかりと区切るようにしている。

いまは夢を見にくい時代、とよく言われる。コロナ禍だけでなく、テクノロジーの進化

や、情報と物量で飽和状態の日本の現状など、さまざまな要因で、夢を見にくい空気が生まれていると感じる。夢が生まれる手順として「憧れ」が先に立つのであれば、憧れるような対象がない、もしくは、その対象が見えにくくなっているのだろう。

僕たちは、手のひらの中のデバイスで世界の裏側の状況をリアルタイムで知ることができ、また、インターネットを使い、個人がメディアとなって発信することもできるようになった。著名人は、自分の私生活を公開し、ＳＮＳは匿名のまま、他人に意見をぶつけることもできる。

世界は繋がっている。

可能性は広がっている。

しかし、そう感じられないのはなぜだろうか。

その原因は、日本の教育にあるのかもしれない。

これからは、知識の詰め込みだけでなく、自己実現の方法や、自己を確立していくための、手順や道のりを学ぶことが重要になってくるのだろうか。もしくは、社会の制度が追いついていないのかもしれない。島国・日本が、世界中と繋がっているという意識が多くの人に生まれることで、生きやすさは変わってくるのだろうか。

地球規模で物事を考えられるようになれば、我々にもアドバンテージはある。長い歴史に裏付けられた確固たる文化を持ち、和暦が今も当たり前のように使われ、漢字・ひらがな・カタカナという三つの文字を使いこなすなど、世界でも珍しい言語体系を持つ日本には、まだまだ可能性はあるはずだ。僕は、そう信じている。

僕には、叶った夢がある。

EXILEに加入できたこと、三代目 J SOUL BROTHERSでドームツアーを行えたこと、俳優として海外制作の作品に出演したこと……。

幼い頃の自分に話しても、到底、信じてもらえないようなことが、この十数年で身の回りに起きた。自らの努力も多少あったとは思うが、それ以上に、周りの人々に支えられ、夢のフィールドに立たせてもらったことが大きい。自ら選択し、挑戦し、その結果生まれた小さな奇跡が積み重なって、大きな奇跡へと繋がっていった。

叶えられなかった夢もある。

途中で叶えることをやめてしまったもの、夢じゃなくなったもの。

諦めたものだって多くある。

限界に気づき、耐えられなかったものも。

また、自分が中途半端に夢見たことで、人を傷つけてしまったこともあった。無意識とはいえ迷惑をかけてしまった人も多くいるだろう。夢を見たことで大きな失敗を引き起こ

し、

「自分には大きすぎる夢だったんだ」

「夢を見る資格があるんだろうか」

と自己否定に陥ってしまったことだってあった。


多くの夢と向き合い、同時に、自分自身にも向き合ってきた。

結果的には、夢というものを持つことで、少なからず前に進むことができた。

夢というものは僕にとってはプラスに働いている。

しかし、同時に失敗や恐ろしさを経験したことで、夢を見ることに怖さも感じている。

夢なんか、見られなくなればいい。

矛盾していることだが、そんなことを思ったりもする。


大人になっていく過程で、夢の見方は変わっていく。

夢以上に優先するものは、この世にたくさんある。時間には限りがあるし、体力には限界がある。何を優先するかは、その本人しか決められない。

夢を見る必要があるのか、と考えると、わからなくなってしまう自分がいる。しかし、夢を見せる必要があるのか、と聞かれると、自分は迷うことなく「ＹＥＳ」と答える。

明日を生きる希望が、日々を輝かせていく。

それは大人になった今でも、変わらない。

生きていくと、不意にこう思うことがある。

「この世に生きている意味なんて、ないんじゃないか」

と。何度も頭をよぎった。

おそらく、生きている意味なんてない。存在意義なんて、元々ないんだろう。だからこそ、自分で自分の機嫌を取り、生きていく意味を見出していくことも大切なんじゃないか。

こんな時代だからこそ。


叶った夢があり、叶えられなかった夢もある中で、振り返って考えると、叶った夢は「諦めなかったもの」だけだった。

時間がかかっても、状況が変わっても、諦められない夢。きっと夢は、諦めなくても良いものかもしれない。

のらりくらり、と日々を過ごしながら、心の奥底にある小さな火種だけは消さないでおく。

そしてそんな自分を褒めてあげればいい。

夢は環境やその時の状況にものすごく左右される。

ただ生きているというだけで、実現する可能性は、どんどんと変わっていく。

さらに、夢は変化していくものだ。周りの人を巻き込み、影響され、形は変わっていく。

あとは、タイミングを見計らい、叶いやすい夢から実現していけばいい。当初考えていた夢と比べたら、ずっと小さな夢になったような印象を覚えるかもしれないが、叶った瞬間、自らの内に生まれる反応は、予想していたよりも、何十倍も大きいはずだ。その小さな自己実現が、自らの人生に立ち戻らせてくれる。

大人の夢というものは、あの日、あの時、あの場所で、生まれた後悔の念を晴らし好きな自分を実現していくということ。

明日を生きる理由の一つになっていくのかもしれない。

そして、現実のものにしていくのは、自ら選択していくこと以外にないのだ。

七場　「渋谷に行け」

高校二年のある朝から学校へ行けなくなった。

どんな朝だったのか、詳しくは覚えていない。しかし、

「今日は行かなくていいかな」

と何の気なしに思ったことが始まりだった。

少し前から振り返っていくことにしよう。

僕はアコースティックギターの音色が好きだった。

姉がどこからかアコースティックギターを手に入れ、家でエリック・クラプトンの「Tears In Heaven」を弾き始めた。それを聴いているうち、自分も弾きたくなって、姉の目を盗んで触っていると、姉が手ほどきをしてくれるようになった。

小六から始めたアコースティックギターに、いつしかのめり込んでいった。

中学に入る頃、路上アーティスト、つまり、ストリートで弾き語りをするアーティスト

がブームとなっていた。そんな流れもあってか、僕はアコギで曲をカバーしては、一人部屋で歌っていた。壁の薄い家だったから、階下のリビングにも、隣の家にも聞こえていたのではないだろうか。

恥ずかしい。

しかし、恥ずかしさより楽しさが勝った。

楽譜を探し、無いものは耳コピをし、何曲も何曲も弾き、歌った。

次第に友達を誘って外で歌うようにもなった。

地元の駅では、ネギが入った買物袋を手に提げた知り合いのおばさんが立ち止まり、

「あら、直己くんじゃない」

と声を掛けてくれた。

中三になり、部活の顧問と折り合いが悪くなり、一週間ほど学校をサボった。

初めての経験だった。悪いことをしているという罪の意識に苛まれ、押入れにこもって、布団を頭からかぶっていた。

それでも、なんとか学校に戻り、無事に中学を卒業した。

高校は普通科に入学したが、音楽への興味は膨らむ一方だった。

バンドを組み、ギターを弾きながら歌った。決して、巧いとは言えない4人組だったが、

音楽を誰かと追求していくということは、喜びでしかなかった。

部屋には機材が増え、お金を貯めて4トラックのMTR（マルチトラックレコーダー）を買い、何度もダビングしては、山下達郎さんのア・カペラアルバムをカバーした。

今思うと、なんと無謀な挑戦だっただろう。

でも、憧れのアーティストの作品を、自分なりに分析し、それを自らの手で再現するという喜びは、何ものにも代えがたい経験として今でも胸に残っている。


高校二年になると、音楽をもっと学びたい気持ちが高まり、音楽系の専門学校で勉強がしたいと思うようになった。いくつか学校を調べては、自分に合うところを探す毎日だった。通っていた高校では、学年が上がり、友人ともクラスが分かれた。

そして、ある春の日に、ふと思った。

「今日は行かなくていいかな」

その日から、高校へはパタリと行かなくなった。

そこから音楽の道へ……と言いたいところだが、そう簡単ではない。

何をするわけでもなく、早朝の新聞配達以外は自分の部屋で、ただ好きな音楽のCDを聴き続けた。

ある日、兄から突然こんなことを言われた。

「渋谷に行け」

なんと唐突で、理不尽な言葉だろうか。

しかし、年上の兄姉がいる人ならわかると思うが、年長者の言うことは絶対なのである。

兄の意図もわからず、次の日から渋谷へ通うことにした。

兄の言うことには必ず何か意味があると信じていたから。

のちに兄は、

「家にいたって、夢に近づくわけでもない。新たな発見があるわけでもない。元気が有り余っている若い世代なのだから、一番刺激があるところで揉まれてこい。一番刺激があるのは……そう、渋谷だ。だから、渋谷に行け」

ということだった。


兄の思考の中でこれだけの長い前置きが端折《はしょ》られていたことは置いておいて、今では兄に感謝している。確かに、あのまま家にいたって何も起こらなかっただろう。

それからは渋谷をあてもなく歩きまわり、目に入るもの、耳に聞こえるもの全てをながめていた。

しかし、数度しか訪れたことのない渋谷で、僕は人酔いを起こした。

人込みが怖かった。

なけなしのバイト代で渋谷まで通っていたので、当然お金はなくなり、昼はおにぎり一個を、デパートのトイレの個室に入って食べた。

人であふれた都会の、唯一のプライベートスペースだった。


そんな渋谷通いの日々にもようやく慣れ、次第にさまざまな専門学校を見学するようになる。いくつか体験入学でレッスンも受けた後、目星をつけてから、親に相談した。

「高校をやめて音楽の専門学校に行きたいと思っているから、援助をしてほしい」

「高校をやめて、何になるの？」

母が率直な質問をしてくる。

「音楽を勉強して、自分の言葉で曲を作って歌うアーティストになりたい」

「その夢は良いと思う。でも、多くの人に支持される曲を作りたいんでしょ？」

「そうだね」

「だとしたら、多くの人が体験する高校生活を送っておいた方が、良いんじゃないかな？」

衝撃だった。

母の言ったことは全て的を射ていた。

その瞬間まで、現在通っている高校を中退し、専門学校に編入しようと、自分の中で99パーセントまで固まっていた気持ちが、母の言葉で全てひっくり返った。

「確かに……そうだと思うよ」

続けざまに父が言う。

「自分のやりたいことをやるのは良い。それを止めたりしない。でも、親は先に死ぬんだ。自分で食っていかなきゃいけない。お前は何で食っていくんだ」

至極真っ当な、当たり前の意見をつきつけられた僕は、決断した。

「高校に戻る」

この選択は、間違ってなかったと思う。


なんとか、修学旅行のタイミングまでに高校に戻ると、友達が誰もいない修学旅行を楽しんだ。

レールを一度、はみ出たことで、こんなにも世界は広いんだということを知った。


それからは、何でもやってみることにした。

バンドも、バイトも、学校行事も、勉強も。恋も。

高校三年になり、選択授業で倫理を選んだ僕は、またも打ちのめされることになる。

哲学者の言葉から抜粋して、担当教員が黒板に書いた言葉。

「『愛』とは、何なのか」

僕は、ワクワクした。

これが、僕の人生にとっても大きなテーマとなると感じた。


その後、大学で哲学科に入学したものの、三年次には、中退を選ぶことになる。

なぜなら、自分にとって、「愛」を哲学することは、学ぶものではないと感じたからだ。

人生を通じてこのテーマを突きつめていこうと決め、大学を後にした。

そして、その時に、自分が一番熱中していたもの＝ダンスの世界に飛び込むことになる。

自分は、興味のないものは頑張れないことをよく知っていたし、逆に興味のあることであれば、寝食を忘れてのめり込むことができた。

その時、僕の心を摑んでいたのは、ダンスだけだった。


その数年後、僕はＥＸＩＬＥのメンバーになった。

あの時、兄に言われた「渋谷に行け」という言葉から全てが始まっているかと思うと、感慨深いものがあるし、その言葉を実行する選択をした自分だったからこそ、今の自分がいるのだと感じている。

八場　RAG POUNDとEXILE AKIRA

その頃の僕は、ちょっとやそっとのことじゃビクともしなかった。

もちろん、ダンスの練習場所としてスタジオを借りられるほど、金銭的に余裕があるわけはない。地元の駅前の建物の窓ガラスに姿を映しては、真冬にだって大粒の汗をかくほど練習した。近くの公園の水道の水をがぶ飲みしては戻って、の繰り返し。それは東京に出てからも同じだった。

新宿のビルのガラスに同じように姿を映し、200円で何個も入っているパンの大袋を買って、夜中から朝方まで練習をした。いや、練習と言えるような、そんな真面目なもんじゃないのかもしれない。言葉にしきれない衝動に身を任せ、四時間も五時間もずっと踊り続けていた。そして、少しずつダンサーとしてショーに出るようになっていった。

実家を出て一人暮らしを始めると、バイト代で全てを賄《まかな》わなければいけなくなった。しかし、急遽《きゅうきょ》入るイベントやダンスの練習、オーディションなどに対応できるよう、自らスケジュールを調整しなければならなかった。何の能力もない自分にもできる、時給の高い定期的なバイトなんて入れることができず、日雇いのバイトに登録した。すると、年齢や体格のせいか、いつも引越しや工事現場に派遣された。体力があったから良かったけれど、一年中お腹が空いていたことは事実だ。

ある時、次の給料日まであと100円で過ごさなければいけなくなった。家にあるのは塩や胡椒などの調味料と、残り少ないマヨネーズ。肉体系の日雇いバイトを終え、夜中に家に帰る。いつも、安売りスーパーの閉店時間には間に合わなかった。

空腹に目を回しながら歩いていると、安売りスーパーの前に納品したてのパンの山があった。

今だからこそ、正直に言う。

そのパンを盗んでやろうと、そんな考えが頭をよぎった。それぐらい空腹で思考がおかしくなっていた。お金もなかったから空腹を満たす方法が思いつかず、切羽詰《せっぱつ》まっていた。あと一歩のところで踏みとどまれたが、踏みとどまるという選択は本当に正しかった。

結局、家の近くにあった100円ローソン（この時期は大変お世話になった）に寄り、なるだけ量の入ったパスタを購入し、できるだけ膨らむよう長時間茹で（もちろん、コシはなくだるだるになっている）、マヨネーズと塩をかけて食べた。

そんなふうに食費さえ捻出できない生活でも、ダンサーとしての活動は止めなかった。さまざまなダンスバトルイベントに出場しては、名を上げよう、良い成績を残そうと必死に戦った。

あるダンスバトルイベントで初めて準優勝をした時、一人のダンサーに声をかけられた。当時、ビデオで何度も見ていた有名なダンサーだ。

「いいダンスしてるね。お前のジャンルと同じものを俺らも踊っているんだけれど、今度ショーを観に来ないか？」

当時、僕はまだ日本では珍しかった「ＫＲＵＭＰ（クランプ）」という、ＬＡ生まれのダンスにシンパシーを感じ、動画を探しては見よう見まねで踊っていた。

自分と同じようなダンサーが他にもいるという。同じジャンルのダンサーが日本にいること、憧れていた先輩から声をかけられたことが素直に嬉しかった。

指定された日時に指定された場所を訪れた。池袋に当時あったＢＥＤというクラブ。

ここは、かなりハイレベルなダンサーが集まる場所であり、それぞれがそのジャンルのダンスの本場に足を運んでいたり、ダンスカルチャーと空気感を大事にしている人が多く……いや、ここは率直に言おう。

見た目が怖い人たちが多かったのだ。

僕も、なめられないようにと顎を上げ、目線鋭く、威勢のあるふりをした。内心、めちゃくちゃビビってはいたのだけれど。


数組のショーに続いて、声をかけてくれたダンサーがいるチームのショーが始まった。カーキのＤｉｃｋｉｅｓ（ディッキーズ）のショートパンツのセットアップと、赤いコンバースのシューズで衣装を揃えている。４人という少人数ながら、あふれんばかりのパッションと斬新なアイデアで、会場を所狭しと暴れていく。そう、文字どおり〝暴れる〟勢いで、10分ほどのステージを駆け抜けていった。

「すごい……そしてカッコ良い」

一人一人、スキルとセンスが確立されており、見入ってしまう。


その中の一人に見覚えがあった。

「あれは……ＲＡＴＨＥＲ ＵＮＩＱＵＥ（ラザーユニーク）のＡＫＩＲＡ？」

当時、ＡＫＩＲＡは、ＲＡＴＨＥＲ ＵＮＩＱＵＥというラップグループでパフォーマーとして踊っていた。ÜSAとMAKIDAIが作ったそのグループは、3RAPPER、1DJ、1PERFORMERという斬新なスタイルで活動しており、その唯一のパフォーマーであるAKIRAに、僕は以前から注目していたのである。

「なんで芸能人がこんなところで踊っているんだろう?」

そう不思議に思いながらも、そんな思いが吹き飛ぶほどのパフォーマンスを見せ、彼らのショーは終わった。

ショーが全て終わった後、挨拶をしに行こうと先ほどのグループに近づくと、なんとそこにはÜSAとMAKIDAIがいた。テレビで見る人たちが目の前にいる……話しかけたい……いや、でもなめられちゃいけない。そんな気持ちがないまぜになり、僕はただじっと目線を向けた。

数年後、同じグループのメンバーになった時、二人から、

「あの時は、直己にめちゃくちゃガン飛ばされていたよね。マジで怖かった」

と言われ、平謝りした。

ただただ、素人が芸能人に憧れていただけです。ごめんなさい……。

時を戻そう。

ÜSAらが去り、その後、チームのメンバーに挨拶をすると、さっきのショーの印象とはうって変わって礼儀正しく、温かい人たちだった。

ＰＡＴＯ、ＳＥＶＡ、ＪＵＮ、そしてＡＫＩＲＡの４人は、後輩である僕を優しく受け入れてくれ、僕も、一気に４人の、兄のような存在ができたことが嬉しかった。

その後、頻繁に練習を重ね、僕はついにそのグループ、ＲＡＧ ＰＯＵＮＤ（ラグパウンド）の正式メンバーとなった。ショーにも出るようになり、僕自身のダンサーとしての知名度も上がっていった。

このダンスグループに加入するという選択は、この後の人生にさまざまな影響をもたらしてくれた。一つの選択がいくつもの奇跡を連れてきてくれた。


ＡＫＩＲＡはその頃、ＥＸＩＬＥとしての活動もしていた。真夜中に行われるショーの翌日に、早朝からテレビの撮影が入ったりすることも多かった。

しかし、そんな時でも、直前までＲＡＧ ＰＯＵＮＤの全体練習には必ず顔を出し、誰よりも熱く、ストリートダンスの活動に取り組んでいた。オリジナルで作った衣装のペイントや、アレンジまでＡＫＩＲＡがやっていたのである。

「俺は、他のＥＸＩＬＥのメンバーのように下積みをしていないから、このＲＡＧ ＰＯＵＮＤのクラブでの活動がある意味、自分の下積みだと思って全力でやっているんだ」

とＡＫＩＲＡから聞いたことがある。

ＡＫＩＲＡは、ショーの後は翌日の仕事があるため、先に帰ることが多かった。ＡＫＩＲＡを見送り、他のメンバーでお疲れさまの乾杯をしていると、ＡＫＩＲＡから毎回、必ず連絡があった。

「ナオキへ。今日はお疲れさまでした！　せっかくの乾杯に参加できず、申し訳ありません。次のショーも最高なものにしましょう！　練習しておきます。次回もよろしくお願いいたします！　アキラ」

後輩の自分にも、必ず敬語でメールを送ってくるのだった。

今まで先輩や年長者からこのような連絡をもらったことがなかった僕は戸惑った。どれほど人間ができているのだろうと。

ずっと気になっていた僕は、ある日のリハーサルで、ＡＫＩＲＡに思い切って尋ねてみた。するとＡＫＩＲＡは、

「俺はＨＩＲＯさんの真似をしているだけなんだ。ＨＩＲＯさんに憧れてるんだよね」

と清々しい笑顔で言った。

自分がやっていることを、これほど素直に「真似」だと言える人がいるだろうか。その潔《いさぎよ》さと、明快な言葉と態度に、僕はいっぺんにＡＫＩＲＡのファンになった。そして、

２０２１年１月に開幕した世界初のプロダンスリーグ・Ｄリーグには、僕をＲＡＧＰＯＵＮＤに誘ったダンサー、ＪＵＮ（Ｔｗｉｇｇｚ）率いるチーム「ＦＵＬＬＣＡＳＴＲＡＩＳＥＲＺ」（フルキャストレイザーズ）が参加し、素晴らしいパフォーマンスでダンスシーンに衝撃を与えた。いわゆる「ストリートダンサー」として活動していた時からの仲間が、今でもこうして各方面で活躍する姿を見て、刺激をもらうと同時に、僕自身も次へと向かうモチベーションに繋がっている。

九場　元旦のＥＸＩＬＥメンバー会議

ＲＡＧ ＰＯＵＮＤでの活動を経て、僕は２００５年にＥＸＰＧにインストラクターとして入り、２００７年11月に二代目Ｊ Ｓｏｕｌ Ｂｒｏｔｈｅｒｓのメンバーになった。選択が奇跡を呼び込み、次の出会いを連れてきてくれた。

二代目では、一年以上のインディーズでの活動と、全国をバス一台で回る「武者修行」と題したいわゆる「ドサ回り」で経験を積み、２００９年にＥＸＩＬＥに加入した。

ＥＸＩＬＥではさまざまなツアーを経験した。

加入した年にはアリーナ規模で「ＴＨＥ ＭＯＮＳＴＥＲ」、２０１０年にスタジアム規模で「ＦＡＮＴＡＳＹ」、２０１１年と２０１２年にはドーム規模で「ＴＯＷＥＲ ＯＦ ＷＩＳＨ」、２０１２年には三代目 Ｊ ＳＯＵＬ ＢＲＯＴＨＥＲＳの初ツアーとなるアリーナツアー「０～ ＺＥＲＯ」も行った。

ツアーは、毎回が、来てくれた皆さんとの真剣勝負であり、そこでの感動というのは全ての活動の答えだということを知った。そして、ライブで得た発想が、新曲やミュージックビデオといったグループの活動の方向性やアイデアの源となった。

加入して三年も過ぎると、自分なりに経験を積み、「EXILEとは」「三代目 J SOUL BROTHERSとは」という具合に、インタビューなどでもグループを代表して語る場面が増えていった。


しかし、そんな自分が、まだまだグループの傘の下にいると気づかされる出来事があった。2013年の年始のことである。

毎年、年越しまでいろいろな番組でパフォーマンスがあり、それを終えるとようやく仕事納めだった。そして、なぜだか、その疲れ切った体を引きずり、元旦にLDHのジムでトレーニングすることで、この一年が良い一年になる、という謎の願掛けが自分の中にあった。一年の計は元旦にあり、である。


そうして2012年が終わり、年が明けた2013年元旦。

メンバーの提案で、メンバーだけが集まる会議が開かれた。なぜなら、2013年はHIROが、パフォーマーとして勇退する年だからだ。

その年は、勇退前の最後のツアー「EXILE PRIDE」が行われる。

大黒柱であるＨＩＲＯがパフォーマンスのステージから去る前に、メンバーそれぞれの考えている夢や、ビジョンを聞きたいというのだ。

個人の夢を叶える場所がグループであり、その個人の夢がグループの力である。こういうＬＤＨの発想から、ＨＩＲＯがいなくなる前に、お互いを応援し合える環境を作りたい、ということであった。

今だからこそわかるが、何事もいなくなってからでは遅い。いなくなる前から、いなくなった後の準備をするということが、とても正しい判断なのだ。

激務を終えた後の元旦であるにもかかわらず、会議では、一人一人が夢やビジョンを述べていく。大きな夢を語るメンバーや、事業のビジョンを語るメンバー。漠然としたアイデアや、自分なりのグループへの貢献を語るメンバー。それぞれが真剣で、まっすぐ未来を見つめながらの発言だった。

自分の番が来た。

「じゃあ、次は直己」

「はい……そうですね……」

言葉に詰まる。全員の視線が自分に集まってくるのが肌でわかる。言葉が、出てこない。勘違いしないでほしい。僕は、昔から人に意見を求められるよりも先に、手を挙げて自ら意見を述べるタイプの人間だ。時にウザがられたり、面倒臭がられたりするくらい。いつも、無駄にプランBやプランCを考えては、頭の中に広がった自分のアイデアに浸って楽しんでいる。

叶えたい夢だって、たくさんある。自分自身についてもよく考える。自分にはできることと、できないことがあるのをよくわかっている。だからこそ、できることを見定めて頑張りたい。やるからには誰にも真似できないくらい、やり抜きたい。そう思っているのだ。

しかし、その時、僕の口から出たのは、

「今ここで、言葉にできるような夢やビジョンは、ありません」

熟考した結果の発言だった。

自分は、メンバーと肩を並べて、同じ席に座っている。メンバーが一人一人、思いを述べていくのをじっと聞いていた。命を削って歌を歌い続けるメンバー、恥も外聞も捨てて今の自分にできる形でグループに貢献したいというメンバー。それぞれが、己と向き合い、身を削りながらEXILEとして生きている。対して自分は？

そんなメンバーに、正面から伝えられる夢を僕は持っていなかった。

ここ数ヶ月、漠然と感じていた自分の言葉の薄っぺらさの原因がこの時わかった気がした。

僕はずっと借り物の言葉を喋っていた。
「Ｌｏｖｅ，Ｄｒｅａｍ，Ｈａｐｐｉｎｅｓｓ」「絶対負けない」など、誰かが言った
ＥＸＩＬＥらしい言葉を、僕はただロボットのように繰り返していただけだった。

僕の言葉を聞いたＨＩＲＯは、静かにこう言った。

「直己の言ってる意味はわかるし、無理してすぐには見つけなくても良いと思う」

ＨＩＲＯの優しい声が続く。

「でも、一つだけ言えるとしたら、直己は、もっとＥＸＩＬＥになった方がいいのかもね」


ＨＩＲＯのこの言葉は、僕には「もっと覚悟を持った方がいいよ」と聞こえた。

覚悟を持って臨むとは、何かを選ぶということ。

何かを選ぶことは、何かを捨てることでもある。ＥＸＩＬＥのメンバーになったからと言って、自分が何かを体現しているわけではないと感じていた。それを、ＨＩＲＯに見透かされたような気がした。自分が矢面に立って、批判を恐れずに行動したり、責任を持って、痛みや喜びを引き受けたことが僕にはなかった。


その日から「自分は何をもってＥＸＩＬＥを体現しているのか」というのが、一つの指

針となった。また、他のメンバーにはできなくて、僕だけができること。自分が何かで一番になれることを探すようになった。

そういった視点で目の前の物事を僕は取捨選択していくようになる。

僕はここで、ＥＸＩＬＥというグループを持ち上げたいわけではない。ただ、僕が活動を続ける中で気づいたのは、ＥＸＩＬＥとは、あくまで「生き方」のことである。覚悟を決めた人生を送っている人は強い。そして、優しい。

ＥＸＩＬＥのメンバーを見ていると、そう感じる。

ＥＸＩＬＥの一端に触れ、夢をもらい、ＥＸＩＬＥの中に入るとその激流に揉まれていく。そして、「ＥＸＩＬＥを体現する」という新たな壁に直面した僕が、この頃に歩んでいたもう一つの道、それが、三代目 ＪＳＯＵＬ ＢＲＯＴＨＥＲＳであった。

今でこそ、三代目 ＪＳＯＵＬ ＢＲＯＴＨＥＲＳというと、７人の個性あるメンバーをイメージすると思うが、当時、ＬＤＨではＥＸＩＬＥが活動の中心であり、続く弟分グループに具体的なイメージを持つ人間は誰もいなかった。

闇の中でもがいていた僕が、この三代目 ＪＳＯＵＬ ＢＲＯＴＨＥＲＳの活動を通して、可能性と呼ばれる形のないものを、つかみ取ろうとしていくことになる。

SCSK SCSK
WB HOUSE
あいおいニッセイ同和損保
INFRAST
SMBC日興証券
博多大丸カード
SOCIAL DISTANCE

にしてつグループ
セイワパーク
Sanikleen
CHIKYUJIN
西日本シティ銀行
ヨドバシカメラ
C12
"THIS IS JSB"
SOCIAL DISTANCE

むちゅう

コロナ禍を経て、これまで必ず対面で行っていたグループの打ち合わせや取材がリモートになった時には驚いたけれど、今はようやく慣れてきた。

メンバー打ち合わせでの参加の仕方はさまざまだ。ほぼ真っ暗な照明や、そもそもカメラを使わなかったりするメンバーがいるが僕は必ず、映像をつけるようにしている。表情でリアクションを取ることで、少し円滑に進むような気がするから。リモート打ち合わせは、ネット環境があればどこでも行えるし、通勤時間や身支度を整える時間を減らすことができ、その分他に時間を使うことができるので、本当にありがたいなと思う。実は、たまに朝早くからの会議では、上着はある程度ちゃんとしたものにするけれど、下はパジャマの時もある。

ある日、初めて会う企業の方とのリモート会議があった。資料やプレゼンの内容についてもスタッフと前日まで入念に打ち合わせていた。会議が始まると、僕は挨拶もそこそこに資料を画面共有した。リモートでのプレゼンは一方的になりがちなので、都度、相手の画面を見て表情を確認しながら、続けていった。飽きていないかな？　スマホは触っていないかな？　相手は真剣に画面を見続けていてくれた。いい調子だ。さらに想いを込め、一生懸命、話し続ける。

一通りプレゼンを終えようとしていた頃、スマホにメッセージが入った。この会議にも参加しているスタッフからだ。何か変なことを話してしまったんじゃないかと、カメラに見えないようにメッセージを確認する。「直己さん、画面がフリーズしています」。どうやらこちら側の電波が悪く、僕は、フリーズした画面に話し続けていたらしい。急いで再接続する。「お、ようやく繋がった」「大変失礼しました。どこから聞こえていませんでしたか？」「ええと、最初の挨拶を終えたところぐらいでしょうか」

がっくり。夢中になるところだ。僕はもう一度、頭からプレゼンをし直した。

第三幕

「三代目J SOUL BROTHERS」という運命

一場　デビュー

2010年11月10日。

これまでさまざまな歌手により、数々のパフォーマンスが行われてきたラゾーナ川崎のステージは、フリーライブにも拘わらず超満員だった。

誰もが固唾を飲み、ステージ上を一心に見つめていた。アーティストの登場を今か今かと待ち続け、熱気はさらに熱を呼び続ける。その日、集まった人は合計で1万6千人にも上った。アリーナ規模のライブが行われてもおかしくない人数である。パフォーマンスが行われる広場の奥から、ステージに向かって歩いてくるアーティストは、その日にデビューを迎えたばかりのメンバーたちである。

三代目 J SOUL BROTHERSは、オーディションから生まれた。

2010年が幕を開けた1月1日、TBS系「CDTVスペシャル！ 年越しプレミアライブ 2009→2010」でEXILEが、15歳から25歳の男性を対象としたヴォーカルオーディションの開催を発表した。「EXILE Presents VOCAL

ＢＡＴＴＬＥ ＡＵＤＩＴＩＯＮ ２ 〜夢を持った若者達へ〜」（ＶＢＡ２）と題されたこのオーディションは、ＥＸＩＬＥの新ヴォーカルとなったＴＡＫＡＨＩＲＯを輩出したオーディションの第二弾であり、ＥＸＩＬＥがその思いを繋げるグループのヴォーカルをオーディションで広く募集するといった内容は、夢を持つ人たちに大きなインパクトを与えた。２月から始まった一次審査には、約３万人が参加し、その模様は、ＴＢＳ系「週刊ＥＸＩＬＥ」が密着し毎週放送された。

僕はＥＸＩＬＥのキャリア初となったスタジアムツアーに挑戦しながら、そのオーディションの動向を見守っていた。ＥＸＩＬＥの原点であるグループ「Ｊ Ｓｏｕｌ Ｂｒｏｔｈｅｒｓ」の名を冠する、新たなグループが今、生まれようとしている。ＥＸＩＬＥメンバーも常に注目しており、楽屋ではたびたび話題になっていた。

このグループはＬＤＨの未来を担っていく。専門のスタッフによる歌唱審査が繰り返され、ＬＤＨ総出で審査が行われていった。

その後、三次審査通過者がファイナリストとなり、富士山にほど近いある施設で合宿審査とレコーディング審査を行った。その合宿先をＮＡＯＴＯとともに訪れ、候補者と顔を合わせた。審査のために撮影した映像などで常に見ていた候補者たちだったが、実際に汗を流し、夢のために頑張る姿を見て、感動に近いものを覚えた。

ヴォーカルオーディションが行われる一方、グループの双璧をなすパフォーマーの選定も進んでいた。ＥＸＩＬＥ、そしてＪ Ｓｏｕｌ Ｂｒｏｔｈｅｒｓのオリジナルスタイルを引き継ぐ形で、ダンス・アンド・ヴォーカルグループとなる三代目には、パフォーマーは欠かせない。グループのクリエイティブ面を担いつつ、音楽面を引っ張るヴォーカルを支えることになるパフォーマーの役割をＥＸＩＬＥで体感していた僕は、その重要さも知っていた。

ＨＩＲＯから、

「パフォーマーはリーダー二人が意思の疎通をしやすい人が良いのかもしれない。もし推薦したい人がいたら提案してほしい」

という言葉があった。

ＥＸＩＬＥの想いを引き継ぎ、未来に繋げる。生半可な覚悟で推薦するわけにはいかない。これまでのダンス人生で知り合った全ての人を振り返り、ダンスの技術はもちろんのこと、人間としても信頼できる、この二点を念頭において探した。実際に、会って印象を確かめたりしたが、なかなか良い人には巡りあえず、何日も考えあぐねた結果、たどり着いた人物がいた。

その人が岩田剛典。

今の活躍なんて微塵《みじん》も想像していなかった頃の話だ。

ダンス仲間の紹介で知り合い、この世界に入る前から一緒のダンスチームで活動していた。爽やかなルックスとは裏腹の、一本気で熱いダンススタイルと、興奮や楽しさがあふれ出た時の、人の心を動かす笑顔が印象的だった。

代官山のカフェに来てもらい、今回のオーディションの件と、なぜ自分が声をかけたかを丁寧に説明した。

「こうして声をかけていただいたことは、ありがたいです。ただ、就職の内定をもらっている身で、今ここで返事はできません。お時間をいただいてもいいですか?」

そう丁寧に答える彼の姿に、改めて好感を持った。

後日、「興味があります」という返事をもらい、今度は中目黒のカフェでNAOTOに紹介した。

その頃、同じようにNAOTOにも推薦したい人がいた。ELLYである。僕も面識があり、ダンサーとしては申し分のないスキルと存在感を持っており、人柄も素敵だった。また、NAOTOが紹介したいということは、僕と同じようにさまざまな角度から考えた結果のはずだ。ELLYは一足早く、2010年にダンサーとして劇団EXILE公演に出演。LDHでの実績もある候補者の1人である。

そして、劇団EXILE風組の一員であり、僕とNAOTO二人からの推薦となったのは、山下健二郎だった。EXPG（現EXPG STUDIO）出身で、得意とするダンススタイルは、EXILEと同じ90'sステップダンスだった。これまでもEXILEのライブにサポートダンサーとして何度も出演している健二郎は、「パフォーマンス」「志」の両面から考えても必要な存在だった。

他にも候補者はいたが、次々と離脱していった。残った3人は本候補となり、オーディションの名物にもなっていた合宿審査に臨むこととなる。

早朝から真夜中までびっしりとカリキュラムが組まれている合宿は、3人を極限状態まで追い詰めるが、無事に全員がやり遂げることができた。一足先に、ELLYは正式メンバーとなっていた。健二郎と岩田剛典はEXILEのスタジアム公演を鑑賞すべくリハーサルから会場で見学していたところ、そのリハ中にHIROから合格を告げられた。

同年9月15日に、赤坂BLITZでヴォーカリスト候補の最終ライブ審査が行われた。会場の2階奥の席に座り、HIRO、NAOTO、そして、先にメンバーに決まったELLYとともに、それぞれのパフォーマンスを見守った。

全候補者がペアを組み、合宿の成果を発揮していく。想いの伝わるパフォーマンス。審査が終わり、誰もいなくなった客席に候補者全員が集められた。

審査に携わったHIROや各専門スタッフとともに、一列になり候補者と向かい合って座る。この後に発表される結果を待つ緊張は痛いほど伝わり、同時に僕も、ここから全てが始まっていくことを考えると自然と拳に力が入っていった。

静まり返った会場に、HIROの声が響いた。

「今市くんと、登坂くん」

三代目J SOUL BROTHERSのヴォーカルが決定した瞬間である。

オーディションの終わったフロアに残る2人に声をかけた。

「これからよろしくお願いします」

ともにメンバーとなる2人にオーディションの感想を聞く。そこで、スタッフから声がかかる。

「デビューまでの日程を考えると、時間に余裕はありません。明後日にはデビュー曲のレコーディングをし、1週間後にはミュージックビデオの撮影を行います」

約9ヶ月間のオーディションを戦い抜き、合格してホッとしたのも束の間、ここから怒濤の日々がスタートする。驚きを隠せないヴォーカルの2人とともに、与えられたチャンスの中、できる限りのことをしていきたいと強く決意した。


初めて7人が集まったのは、どっちだったろうか。初レコーディング、もしくは顔見せパフォーマンス撮影の時か。どちらも印象深いものだった。

初めてのレコーディングはデビュー曲となる「Best Friend's Girl」。今市と登坂がオーディションの課題曲として歌い込んでいた楽曲だ。

そのレコーディングの合間に、パフォーマーが訪れた。avexのスタジオをパフォーマー5人が訪れると、先に入っていたヴォーカル2人がブースから出てきた。どこかぎこちなさを感じながら、でも、ようやく会えた、といった雰囲気。オーディションに密着した番組の映像などを通して観ていたメンバー同士が、ついに正式に顔を合わせるのだ。それは特別な瞬間だった。

顔見せパフォーマンスとは、7人のバランスを見るために二代目J Soul Brothersの「GENERATION」という楽曲でパフォーマンスをしたことである。ＬＤＨ上層部も見に来ると聞かされた僕らは、最終オーディションさながら、全身全霊をかけたパフォーマンスを披露した。７人が横並びになるとぎりぎりのサイズのスタジオだったので、壁に思いっきり手をぶつけたりしながらも、とにかく気合のこもったパフォーマンスを行った。今でも、この時の話はよく話題に出る。

「全力すぎて今見ると笑ってしまうけれど、ここに原点があるよね」

なんて話をしたりする。

２０１０年９月27日。ＥＸＩＬＥのデビュー記念日でもあるこの日に、スタジアムツアー「ＦＡＮＴＡＳＹ」の成功を祝い、ＬＤＨのファンクラブ「ＥＸ ＦＡＭＩＬＹ」（現ＥＸＩＬＥ ＴＲＩＢＥ ＦＡＭＩＬＹ）の会員だけが来場できる「ＦＡＮＴＡＳＹ 後夜祭～ＥＸＩＬＥ魂～」が行われた。ＥＸＩＬＥにとって挑戦でもあったこのスタジアムツアーでは、野外での開催というハードルがありながら、全公演無事に開催でき、約１１０万人動員という記録的な数字を打ち立てた。メンバー、スタッフともに安堵と興奮が入り混じった公演だった。そんなファイナルを迎えた昨日の興奮さめやらぬ同じスタジアムで、三代目 Ｊ ＳＯＵＬ ＢＲＯＴＨＥＲＳがついにお披露目となった。

当日は朝から小雨模様が続いていた。公演中にも雨は予想されていた。しかし、悪天候にも拘わらずスタジアムには多くの人が詰めかけ、満員の客席は壮観だった。

スタジアムツアーの成功を祝い、感謝を伝えるために、まずはＥＸＩＬＥのパフォーマンスから始まった。三代目の登場は、ちょうど公演の中盤、それまで兼任ではない５人は楽屋で待機をしていた。時折雨が降る中、僕はＥＸＩＬＥの一員としてメンバーとともに全力のパフォーマンスを繰り広げた。そして、ようやく三代目の登場となった。


１月から続いたオーディションは９ヶ月が経過し、今日はその結果がわかるのだ。

ＥＸＩＬＥの前半のパフォーマンスが終了し、オーディションの様子をまとめた映像が流れ始めると、場内は静まり返った。

僕は、パフォーマンスを終えた足で着替え場に直行し、三代目の衣装に急いで着替える。黒の上下セットアップを纏《まと》った。これから７人で登場するために。Ｊ Ｓｏｕｌ Ｂｒｏｔｈｅｒｓを次の時代へ引き継ぐものとして。また、ＥＸＩＬＥの想いを体現していくために。リフターと呼ばれる舞台装置に上り、ステージへの登場を待つ。演出用の大旗が手渡される。これから、三代目 Ｊ ＳＯＵＬ ＢＲＯＴＨＥＲＳの活動の始まりを告げに行くのだ。そう思うと旗を握る手に自然と力が入った。

リフターが徐々に迫り上がっていくと、さっきまで見ていた景色のはずなのに、何故か違ったもののように目に映った。観客からの「圧」をこれまでよりも強く感じ、腹にしっかりと力を入れ、旗を振る。最初にパフォーマーの3人が登場。それぞれがソロダンスをし、自分自身を表現し、そして次のパフォーマーへ繋いでいく。この時のソロダンスはそれぞれのパフォーマンスの原点と言っていいものだと思う。

そして、ついにヴォーカルが登場する。

オーディションの結果発表であり、三代目の声となる2人が発表された瞬間、会場は驚きと歓声で興奮の渦に包まれた。

「まさにTAKAHIROを見た時と同じだ」

今、この本を書いていて、そんなことに気がついた。

ヴォーカルがパフォーマーに合流し、僕らは「三代目 J SOUL BROTHERS」としてのスタートを切った。

裏話だが、この一連の動きを、今市は前日にホテルの部屋で何度も何度も繰り返したらしい。たった数歩の移動。歌うわけでもない。しかし、その数歩がどれだけ難しいか、今市が後日熱弁していたのを覚えている。

それぞれがそれぞれの意気込みで取り組んだお披露目を終えた僕らは、息つく暇なく、デビューイベントに向けたリハーサルに突入していった。

スタジアムでのお披露目を無事に終えた僕たちは、すぐにデビューイベントリハーサルに取り掛かった。なにせ、まだデビューを迎えていない身だから、曲も揃ってなければ、自分たちのパフォーマンスのスタイルも見えていなかった。とにかく、それぞれが持つ個性を持ち寄り、組み合わせ、試行錯誤を繰り返していった。

HIROのプロデュースの元、デビューシングル「Best Friend's Girl」のミュージックビデオの撮影は、ヴォーカルが決まったオーディションからそう遠くない日だった。右も左も分からない現場で奮闘する5人のメンバーを横目に、僕自身もリーダーとしてどうふるまうのが相応《ふさわ》しいのか悩んでいた。

メンバーのケアをしつつ、作品のことを第一に考え、現場を盛り上げていく。

今考えると、そこまで気張らなくても良かったとわかるが、当時はとにかくがむしゃらに動こうとしていた。メンバーにはアドバイスや注意もしたけれど、本当はできる立場でもなかったし、僕もたくさん失敗していた。

「あの時はごめんね」

そんなふうに思う。

無事に撮影は終了し、出来上がった作品からは三代目 J SOUL BROTHERSだけに備わっていると見える雰囲気やイメージが漂っていた。僕らメンバーは、そのイメージをパフォーマンスに反映させ、形で見せていく必要があった。

本番までの1ヶ月はリハーサルスタジオにこもりきりだった。社会から遮断されたようになり、ニュースも見ないので世の中の動きに疎《うと》くなった。

デビューライブには、必ず人が集まるとスタッフは言うけれど、それを信じて安心することはできなかった。ただ自分たちを信じ、今できる最高のパフォーマンスを作り上げることだけで精一杯だった。曲は「Best Friend's Girl」「1st Place」、そしてダンストラック。それぞれにパフォーマーが振り付けを考え、構成を7人で仕上げていった。

そして、運命の日がやってきた。

本番当日。楽屋は、今か今かと本番を待ち構える熱気が充満していた。しかし、どうも現実味がなかった。少し前まで、スタジアムツアーを行っていた僕も、今日、ここラゾーナ川崎で三代目 J SOUL BROTHERSがライブをしている姿がイメージできなかった。スタジアムの観客の前でパフォーマンスをしたメンバーも同じ気持ちだったようだ。期待と不安がないまぜになり、それぞれがウォーミングアップを続けていた。

「時間です」

スタッフの声が響く。ラゾーナは、楽屋からステージまでが遠い。まず楽屋から建物内の長い裏動線を歩き、1階の出口に出ると、そこから外エスカレーターで、2階にある広場まで向かうのだ。衣装に袖を通し準備は万端。ただ、現実味だけがぽっかりと抜け落ちている。しかしとにかく気合を入れて、ステージに向かった。

1階の出口に到着し、外に出ると、目の前にあるエスカレーターに乗った。2階に上がれば、目の前の広場にステージが見えてくるはずだ。

エスカレーターで昇っても、ステージは見えなかった。いや、正確には、見えたのはステージではなかった。

大きな広場を埋め尽くす人、人、人。広場を囲むように建物があり、回遊できるような造りになっているのだが、その2階、3階の通路ですら人で埋め尽くされていた。これだけ多くの人が、このイベントを、三代目のデビューを待ち望んでいてくれたなんて、全く想像できなかった。誰だってこの景色を微塵も想像していなかっただろう。驚きのあまり、電流が体に走ったようだった。まるで眠っていた脳の一部が目覚め、意識が覚醒したよう。

エスカレーターを降りると、そこは人の波。道が閉ざされ歩けなくならないように、スタッフが動線を確保してくれていた。一歩進むごとに、少しずつ現実感が生まれ、体に感覚が戻ってきた。体の火照りや汗を感じ、心臓の音や呼吸が上がっているのを感じることができた。ステージ横のテントに飛び込む。

そして、本番だ。

パフォーマーが口火を切る形で、ダンストラックが流れる。5人がステージに駆け込んでいった。それぞれの得意なジャンルをミックスし、三代目仕様の完全オーダーメイドで作り上げたこの曲は、現場の熱をたぎらせていく。

次はいよいよ、デビュー曲となる「Ｂｅｓｔ Ｆｒｉｅｎｄ'ｓ Ｇｉｒｌ」だ。円の隊形を作ったパフォーマーの真ん中にヴォーカルが入り込んでくる。その瞬間、なぜか時間が長く感じられた。この6人の背中をこれから長く見る気がして、じっと目を凝らした。そして流れ出すイントロの儚《はかな》くて強い静寂は、その場にいる全ての観客の視線を一気に集める。一声目を、今市が歌い出した――。

デビューイベントを経て、三代目は次々にシングルを発表。２０１２年には初となる単独ツアーを開催することになる。

ちなみにラゾーナ川崎でのデビューイベントは、会場の観客動員数の新記録を作った。

そして残念なことに、人が集まり過ぎてしまったせいで今後ここでのライブはできなくなってしまった。

二場　リーダーとして

三代目Ｊ SOUL BROTHERSの7人は「Best Friend's Girl」という曲でデビューした。ヴォーカルの今市隆二と登坂広臣は、3万人もの参加者がいたオーディションから2人だけ選ばれた。パフォーマーの山下健二郎、ELLY、岩田剛典は、数々のダンサーの精鋭の中から、オーディションと過酷な合宿を経て選ばれた。僕は、NAOTOとともに、当時、最年少EXILEパフォーマーとして、三代目Ｊ SOUL BROTHERSのリーダーとなった。この7人で、三代目Ｊ SOUL BROTHERSはスタートを切った。

今振り返ると、リーダーとなった僕の行動は、ひどいものだった。肩肘張って、リーダーとしての威厳を示そうとしていた。EXILEの思いを引き継いでもらうにはどうすれば良いかと常に力が入っていた。

今ならわかる。

無理をしたって伝わらないし、自分は元々リーダーなんてキャラじゃない。だから等身大でいればいいいんだよ、と当時の自分に伝えたい。

思い出すと、恥ずかしくなるような出来事がいくつもあった。

当時、自分が知りうる中での理想のリーダーは「ＨＩＲＯさん」だった。ＨＩＲＯの振る舞いや言い回しを真似していた。もしあなたが、これからリーダーになるのならば、僕がアドバイスするやめておいた方がいいことの一つ目は、これだ。

「誰かの言葉を、自分の言葉のように言わないこと」

また会議をしている時に、アイデアが浮かぶと、すぐ口に出す癖があった。アイデア自体を提案するのは良いことだが、立場が今までとは違う。リーダーとして見られている以上、実現の可能性を検討してから伝えるべきだ。さもないと、大口を叩いていると思われてしまう。なので、二つ目の、やめておいた方がいいことはこれだ。

「自分にできないことは言わない」

自分にはまだ実力がなくてできないことを、「リーダーだから」と格好つけてやってしまったり、曖昧な情報で動いたり、誰かを促してしまったことも何度かあった。これもぜひ、やめていただきたい。

やめておいた方がいいことの三つ目は、

「無理をしない」

僕は、三代目でリーダーという立場ではあるが、実質的なリーダーはプロデューサーであるHIROだった。NAOTOや僕は、どちらかというと現場監督のような立ち位置だった。だからこそ、「今だったらこうするのにな」と思うことがいくつかある。

その1　直接繋げること

一人で囲い込むことはせずに、現場の人間（メンバー）と、意志決定機能や中枢（HIROやEXILEメンバー）を直接やりとりさせて空気感や狙いを揃えていく。人間には相性があり、どの人の言葉が刺さるかは、実際に会わせてみないとわからない。任せれば良いのだ。ただ、何もしないわけじゃない。一番そばにいる人間として寄り添い、少なからず経験があるものとして、アドバイスを用意することは忘れない。もし聞かれたら、そっと伝えたら良い。必要だと求められたことを用意し、その人自身をのびのびとさせることが大切だと感じている。

その2　行動で見せること

理解が早く有能な人間は、すぐに成長していく。そういう人には、言葉でいくら説明しても心には刺さらない。行動で、背中でしっかりと伝えていくことにより、信頼は生まれてくるはずだ。忘れてはいけないのが、そのポストを任された理由があなたには必ずあるということだ。だから、自分を信じて自らの役割をやり遂げるべきなのだ。

その3　時にメンバーを頼ること

いくらリーダーといえども、能力が段違いに優れているというわけではない。三代目のメンバーは、年齢もそこまで離れているわけではなかった。それに、どんな人にも得意・不得意なものは存在する。誰かを頼ることで、頼られた相手の才能が大きく開花することもある。頼られた時に、頭ごなしに断る人はまずいないだろう。また、丁寧に接していくうちに、そこには信頼関係が芽生えてくるはずだ。

自分の経験を踏まえて、リーダーとして、やってはならないこと・やってほしいことをいくつか共有する。一言で言うと、「等身大でいること」。立場が人を育てることは、確かにあると思う。しかし同時に、立場に飲み込まれてもいけない。あなたはあなた自身であり、僕は僕であることが急に変わるわけではないからだ。あなたが、自らをリーダーとして自覚しているかぎり、もう準備はできている。何かで飾り立てる必要はない。あなたのまま、あなたらしく、リーダーを務めあげればいいのだ。

自己啓発本のような内容になってしまったが、それくらい、ある日突然リーダーになったことは、僕自身には大きな戸惑いだったし、しかし他では経験できない学びを与えてくれた。そして今も、学びは続いている。

そう、いまだ新しいことに直面する毎日なのである。

もしどこかでリーダーになる機会があったら、ぜひやってみてほしい。そこでしか見えない景色があるし、自分を高めてくれる機会でもあるのだから。もちろん、面倒臭いことも増えるけれど、それはいずれ大きな喜びとなって自分に返ってくるはず。それに、その経験はその後の人生に必ず役に立つ。なぜなら、人は誰でも、自分の人生においては、自分がリーダーなのだから。

三代目 J SOUL BROTHERSは今、一人一人がリーダーのような感覚で、みんながグループのことを考えている。自らの得意なジャンルを中心に、アイデアを持ち寄り、時にグループを直接、ディレクションするメンバーもいる。これこそ、LDHが目指すアーティストグループの進むべき新たなステップであり、三代目 J SOUL BROTHERSは、自然にそのステージに突入してきたと感じている。

それぞれが個人のプロジェクトを持ち、それをグループに活かす。

個人の夢を叶えながら、その夢がグループを盛り上げていく。

すると、また、それぞれに新たな夢が生まれてくる。

メンバーを一人一人見ていると、その過程を楽しんでいただけるはずだ。

人生を歩んでいくプロセスが見られること。

それこそがLDHエンタテインメントの真髄であると、僕は思う。

三場　「Ｒ．Ｙ．Ｕ．Ｓ．Ｅ．Ｉ．」

「Ｒ．Ｙ．Ｕ．Ｓ．Ｅ．Ｉ．」は、三代目 Ｊ ＳＯＵＬ ＢＲＯＴＨＥＲＳを多くの人に認知してもらえた曲である。僕らとしても、納得のいく形で曲を作り上げた機会でもあった。

この曲をリリースした２０１４年は、四季の移り変わりごとに、新曲をリリースするプロジェクトを計画し、年始から動いていた。

春には、定番の桜ソングのイメージを変えるべく、攻撃的で激しい「Ｓ．Ａ．Ｋ．Ｕ．Ｒ．Ａ．」を。夏には、パーティや野外フェスで流れるイメージかつ、三代目のパフォーマンスが映えそうな「Ｒ．Ｙ．Ｕ．Ｓ．Ｅ．Ｉ．」を。秋には、日本の四季が描く美しさと儚さを象徴する花の名を冠したバラード「Ｃ．Ｏ．Ｓ．Ｍ．Ｏ．Ｓ．～秋桜～」を。冬には、仲間との青春を歌う新たな冬のポップアンセム「Ｏ．Ｒ．Ｉ．Ｏ．Ｎ．」を制作し、届けた。

三代目は以前から、ＥＸＩＬＥの「Ｃｈｏｏ Ｃｈｏｏ ＴＲＡＩＮ」や「Ｒｉｓｉｎｇ Ｓｕｎ」のような、グループの代表曲であり、誰もが踊れる振り付けがある楽曲を作りたいと思っていた中で、「Ｒ．Ｙ．Ｕ．Ｓ．Ｅ．Ｉ．」の元となったデモ曲を聴いた時のメンバーの反応は、総じて良いものだった。また、この曲は世界の音楽のトレンドを取り入れていた。当時、ＥＤＭ（エレクトロ・ダンス・ミュージック）が世界中でヒットしており、その流れが日本にも来てはいた。ＥＤＭの特徴は、一番盛り上がるところが「フック」と呼ばれるパートで、そこには歌がなく、インストゥルメンタル（楽器演奏）になっている。

しかし、サビという歌謡曲文化の土壌で育っているＪ－ＰＯＰにおいては、一番盛り上がるパートに歌がないことにリスナーが違和感を覚えてしまう。そこが、ＥＤＭがまだ日本に根付いていない原因だと分析していた。

そんな時、メンバーのＥＬＬＹから良いアイデア（個人的には、もはや発明といっても良いと思っている）が提案された。

「メンバー7人で、揃った振り付けをここでやりたいんだけど、どうかな？」

そうして生まれたのが、あの「ランニングマン」である。

「ランニングマン」というステップ自体は、１９９０年代に生まれた。ダンサーにとっては基本的なステップである。ボビー・ブラウンがミュージックビデオで取り入れて、一躍有名になったステップだ。あなたも、もしかしたらどこかで見たことがあるかもしれない。

ＥＬＬＹにとってはそれも計算のうちで、誰もができそうな初級のステップをアレンジすることに意味があった。ある日、この振り付けを考えている時にＥＬＬＹは、健二郎に相談した。健二郎は、ステップダンスを得意としており、どんなステップの名前も把握している。いわば、ステップマスターなのだ。

「健さん、どのステップがいいと思う？」

「うーん、そやなぁ……最初に習うといったら、やっぱりランニングマンじゃないかな？」

実は、当初提案されたランニングマンには、あの指さしポーズの手はついていなかった。そこで、ＥＬＬＹがアレンジを加え、メンバーを横一列にして振り付けたのが、あの指さしポーズ付きの「ランニングマン」なのである。ここにＥＬＬＹの凄さがあった。

２０１４年に「Ｒ.Ｙ.Ｕ.Ｓ.Ｅ.Ｉ.」がリリースされた時、すぐに広く認知されていったかというと、そうではなかった。挑戦的な曲調や振り付けのため、最初は小さく、その後徐々に注目を集めるようになった。その年の暮れ、この楽曲で、三代目としては初のレコード大賞をいただくことができたのだが、それが着火剤のようになって翌年２０１５年に、「Ｒ.Ｙ.Ｕ.Ｓ.Ｅ.Ｉ.」は爆発的に広がっていった。

「Ｒ.Ｙ.Ｕ.Ｓ.Ｅ.Ｉ.」が大ヒットした要因としてもう一つ考えられるのは、ＳＮＳの普及だ。例を挙げると、Ｉｎｓｔａｇｒａｍ社は、２０１４年2月に日本語アカウントを開設、２０１５年6月にはすでに８１０万人の月間アクティブユーザーを抱えていた。ＳＮＳユーザーには、「自らを撮って投稿する」という文化があるが、その流れに拍車をかけるように、同時期の２０１４年にはｉＰｈｏｎｅ ６が発売され、ハードの面でもその文化を広く可能にし加速させた。「Ｒ.Ｙ.Ｕ.Ｓ.Ｅ.Ｉ.」はまさに、日本におけるＳＮＳ世代の始まりともタイミングが合致したのだと僕は分析している。

スマホの普及とＳＮＳという時代の変革が、音楽とエンタテインメントを奇跡的に絡み合わせ、コンテンツとして広く認知された産物が、「Ｒ.Ｙ.Ｕ.Ｓ.Ｅ.Ｉ.」なのではないか。時代の潮流とは、そうして生まれてくるものである。

そう考えると、まだまだ音楽とエンタテインメントには、今後も、他業種とのコラボレーションにより生まれる可能性が秘められている。

あれから六年あまり。ＳＮＳと５Ｇの広がりによって、これからは、もっと「視覚」に訴えかけるコンテンツがより必要とされるようになる。そこには、「振り付け」と「演出」の重要さが付随すると僕は考える。

僕は、ある実験をした。ポッキーのＣＭで話題になった「ポッキーダンス」や、ＵＳＪのハロウィンでみんなが真似してくれた「ラタタダンス」の振り付けで、これまで分析してきた「視覚」に訴えかけるコンテンツの必要条件を意識してみたのだ。

結果、広がりを見せていったムーブメントを見ながら、僕自身は確信を深めた。

四場　ラタタダンスは、どこからきたのか？

映画は、約2時間でメッセージを伝える、ドラマは、50分で人を惹きつけ次の展開を気にさせるコンテンツである。朝ドラは、15分を100話以上も放送することで日常における悲喜こもごものストーリーを伝え、ミュージックビデオは、5分という曲の長さで楽曲の世界観を感じさせる。

それらに対して振り付けは、あるポイントの一瞬、時間にして5秒ほどで、そのインパクトを残す。それに成功するかどうかで、見続けてもらえるかが決まる。アイキャッチ（印象的なもの）があるかないかで、真似してもらえるかどうか判断される。その結果、広がりを生むかどうかが見えてくる。

「幅広い世代に、楽しみながら真似してもらえるもの」

これが、「ポッキーダンス」や「ラタタダンス」で求められているものだと僕は狙いを定め、振り付けた。もちろん、楽曲にはさまざまなタイプがあり、その都度、求められる振り付けは異なる。三代目として求められるエンタテインメントはPOP＝

Ｐｏｐｕｌａｒ（人気のある）である。出来るだけ多くの人にアプローチできる可能性が大きいものを求められているはずだ。しかし、そういった振り付けを作ることは、僕にとっては、少々困難もつきまとうことだった。つまりこの作業は、これまでダンスの技を高めようとしてきた、自分の変なこだわりから抜け出すことと同意義で、こだわりグセがある僕にとって、まず一苦労だった。

良い振り付けとは、簡単で、体の動きに無理のないものである。また、その振り付けがあることで、歌自体が耳に残り、曲の特徴を、見ている人に感覚的に伝えることができる。だからこそ、「シンプル」かつ「印象的なもの」をキーワードに振り付けた。

過去に流行《はや》った振り付けも研究していった。ＡＫＢ48や乃木坂46、Ｋ‐ＰＯＰ、ＴｉｋＴｏｋで流行っているものや、遡《さかのぼ》ってピンク・レディー、郷ひろみ、幼児番組も見て、「しまじろう」など、とにかく老若男女が真似して楽しめるものを探していった。

すると、いくつかの共通点があることを発見した。

「面白い手の形」
「顔の周りに手を置く」
「中毒性のあるリズム」

の三つである。簡単にできるのに、普段の生活ではやらないもの。それが一つ目の「面白い手の形」である。

二つ目の「顔の周りに手を置く」は、主に女性アイドルの振り付けから気づいたことだ。顔がぶれずにカメラに映るには、顔の周りで振り付けを行い、体幹には干渉しない（顔が揺れない）ことが重要だ。しかも、顔の周りを囲むような振り付けにすることでフレームができ、小顔にも見えるような仕掛けをしている振り付けもあった（主に乃木坂46の振り付けだった）。このことは、真似してもらう上で重要なことだった。

三つ目の「中毒性のあるリズム」は、僕自身がダンサーとして感じてきたこと。踊っていてアドレナリンが分泌されるような、原始の時代から続くリズム、つまり、無意識に心地よいと感じるリズムである。

早速振り付けに入った。まず最初にしたことは、最終的な画《え》をイメージすることだった。ポッキーダンスで言えば、登坂と岩ちゃんと僕が、CMやライブで踊っている姿。この3人がやりやすい動きが良い。だとしたら、登坂が普段、ライブでよくやる動きの一つをアレンジして振り付けると良いかもしれない。

そう考え、作っていったのがポッキーダンスだった。

対して「ラタタダンス」では、USJのCMに、楽曲の「Rat‐tat‐tat」（2019）とともにNAOTOと健二郎が起用されたことから始まった。2人がそこで踊ることになる。だとしたら、2人が得意とする動きの方が良い。NAOTOは手や腕を使い、四角形などの図形を作ったり、ピラミッドの壁画に描かれた人物図のポーズからインスパイアされたダンス「タット」が得意である。健二郎は言わずもがな、「ステップダンス」を得意としている。それらを組み合わせれば良いのができそうだ。

そうして生まれた「Ｒａｔ‐ｔａｔ‐ｔａｔ」の振り付けは、予想外の広がりを見せた。ライブ会場では、曲がかかると、今か今かと待ちくたびれていたかのように、一斉に客席から手が上がる。みんなでメンバーに振り付けを見せてくれる。その光景は、振り付けを考えた僕からしたら、涙が出るほど嬉しい。一生懸命、家の洗面所で試行錯誤を重ねてきた振り付けを、５万人もの人が一緒に踊ってくれている。

信じられない。こんなご褒美があるから、スタジオにこもり、陽の光に当たらない日々が続くリハーサルの期間も頑張れるんだと再認識する。

続いて振り付けした三代目の「Ｍｏｖｉｎ'ｏｎ」（２０２０）という曲の一部分、その名も「ドライブダンス」は、メンバーのＥＬＬＹが、パフォーマンス中によく、印象的な手の形のポーズをするのだが、そこからインスパイアされたもの。ライブ会場で客席のみんなと一緒に踊ることを楽しみにしていた。

しかし、このあたりのリリースは新型コロナウイルスの影響により発令された、緊急事態宣言のタイミングと不運にも重なってしまった。

ライブも中止になり、パフォーマンスする場所自体を失った僕は、どうして良いかわからず、家にこもりながら気持ちも沈んでしまっていた。

そんなステイホーム期間中、どうにか楽しんでもらえることができないかと、ＬＤＨのエンタテインメントサービスである「ＣＬ」にてキャス生配信を始めた。

また同時に、Ｉｎｓｔａｇｒａｍも毎日投稿し、そこで「ドライブダンス」を踊るようになった。「ドライブダンス」は、「車で出かけた時に、渋滞などでも気分転換でみんな踊れるように」と、トヨタレンタリースさんとのタイアップを活かそうと考え、そこからもアイデアを膨らませた振り付けだった。上半身しか自由にならない車の座席は、スマホの画角での自撮りと、ちょうどサイズが合った。

そうして、たくさんの「ドライブダンス」動画がＳＮＳにアップされ始めた。その動画は、自宅でこもりきりになっていた僕をすごく励ましてくれた。

これがきっかけとなり、その後も、ＳＮＳなどで楽曲を募集し、新たな振り付けを作ったりした。ＳＮＳを介して多くの人との交流が生まれていった。これは、ステイホーム中に起きた一番大きな出来事で、活動に関する考え方が１８０度変わることになった。

テレビやライブだけでなく、ＳＮＳ上でも振り付けが持つ拡散力と演出力を感じた。プラットフォームをまたぎ影響力を持つことができていけば、今後、ダンサーや振り付けの立場も向上していくかもしれない。

五場　10周年

２０２０年4月から行われるはずだった三代目 ＪＳＯＵＬ ＢＲＯＴＨＥＲＳの10周年を記念するドームツアー。

その延期の判断が下されたのは、３月のことだった。２月には、ＥＸＩＬＥのドームツアー最終公演が、政府から大規模イベントの自粛要請が発令されたことを受けて、当日に中止となっていた。その流れを受け、三代目としてもギリギリまでどうにか開催の道を探ったのだが、安全を優先した結果、延期となった。

東京に住んでいる僕は、４月７日に発令された緊急事態宣言の影響でステイホーム期間が始まっていた。５月25日の解除に至るまでは、本番はおろかリハーサルさえ行えなかった。踊るステージそのものがなくなる恐ろしさ、これからの生活への不安を抱えながら、それでも、どうにか表現する場所を見つけたいと模索した結果、ＳＮＳにその活路を見出した。ＳＮＳを活発に稼働させると、多くの方から反応があった。それに僕自身も励まされ、緊急事態宣言が明ける頃には自分自身の動揺も、ようやく収まっていた。

しかし、10周年を記念するツアーは、全公演が中止となった。

三代目 J SOUL BROTHERSの一員としては、大きな翼をもがれた気分だった。デビューからの奇跡のような日々を、これまで歩んで来られた感謝の気持ちと、この先の未来に向けた思いを、ライブを通じ、応援してくれる皆さんと共有したかった。

だが、このツアーに関わる全ての人たちの安全を考えた結果、中止となった。だからこそ、もどかしい気持ちは際限がなく、やり場がなく、当たる場所もない、そんな気持ちにまた悩まされていた。

それでも、この状況下だからこそ生まれた新たなLDHのエンタテインメントがあった。オンラインでの新たなライブ・エンタテインメント、「LIVE×ONLINE（ライブオンライン）」だ。

LDHは、二〇一九年頃からオンラインでの総合エンタテインメントを準備をしていた。興行ができないこの状況下で準備をさらに加速させ、ついにスタートを切ることとなった。ただの無観客のライブ配信ではない。オンラインだからこそ可能な特別な体験を追求し、一つのエンタテインメント・ブランドとして、「LIVE×ONLINE」は走り出した。

7月2日から8日にかけて配信された第1回目のLIVE×ONLINE。

三代目 J SOUL BROTHERSのライブは七夕に行われた。画面を通じ、どのように最大限楽しんでもらうのか？　普段のツアーリハーサルと同じように、いや、それ以上にリハーサルに重きを置いて取り組んだ。

オンラインの特性を生かした演出を考え、試行錯誤しながら作り上げていった。加えて、カメラチームと連携し、臨場感あふれるカメラワークに挑戦する。また、ドローンやAR（拡張現実）といった技術も駆使し、「誰もがアリーナの一番前の特等席」で見ている気分になれるというオンラインの強みを活かし、これまでにない体験をしてもらいたくて微調整を続け、なんとか本番を迎えることができた。

僕自身、初となるオンラインライブだったが、特別な感覚があった。カメラの向こうを強く意識しながら二時間のライブを行う。これまでにない、新たなパフォーマンススタイルである。普段のライブと音楽番組の収録の中間というような。舞台公演と映画撮影の間というような。しっかりと演じながらも、レンズの向こうへ臨場感を届けるべく、いつも以上にオープンマインドで踊っていた。疲労が桁《けた》違いに重く体にのし掛かる。

ライブは後半戦に差し掛かっていた。

急に違和感に襲われた。

「O.R.I.O.N.」では、聞こえるはずのない歓声が聞こえたような気がして、アドレナリンが噴出するのを感じたり、普段なら会場が一体になって踊る「Rat-tatｔａｔ」を、画面の向こうでも一緒に踊ってくれているように感じた。

すると、どんどん元気が湧き出てきた。

あっという間にエンディングまで駆け抜けたライブとなった。

終わりのＭＣで、踊る場所があるありがたさを強く感じたことを話した。それが誰かの喜びになってくれているのだとしたら、それは本当に感謝したいことだと素直に思った。

また、これまでの興行で、会場に来て僕らと一緒に思い出を作ってくれた皆さんとの時間が、このＬＩＶＥ×ＯＮＬＩＮＥを成立させたのだと確信した。

これまでの経験が財産だと、心から感じることができた。

本当にありがたかった。

そういった感謝の言葉ばかりを述べていたと思う。


9月には早くも第2回目のオンラインライブが行われた。そこでは、本来4月から行われるはずだったツアーテーマ「これまでのライブの『ベストライブ』」を意識し、セットリストに反映させていった。今までの公演で印象に残っている演出や曲を、久しぶりにパフォーマンスした。懐かしいものもあったし、三代目ＪＳＯＵＬ ＢＲＯＴＨＥＲＳとしての原点を思い出させてくれるものもあった。振り付けには、当時の流行や空気感が閉じ込められており、ダンサーにとって踊ることは、記憶を体内で再生させる「レコード」や

「タイムカプセル」のようなものなのだと改めて感じた。

そして、迎えた2020年11月10日。

三代目にとって第3回目のオンラインライブが行われた。10周年記念のイベントの開催自体、危ぶまれていた状況だったが、メンバーの強い思いもあり、この日、特別にLIVE×ONLINEのスペシャルとして開催されることになった。タイトルは、「LIVE×ONLINE INFINITY 三代目 J SOUL BROTHERS 10th ANNIVERSARY ~JSB HISTORY~」。この「JSB HISTORY」という言葉には、三代目 J SOUL BROTHERSだけでなく、今の三代目につながる、J Soul Brothersそのものの歴史を、感じてほしいという思いが込められている。

あの日と同じように、僕たちのデビュー曲「Best Friend's Girl」の美しいピアノの音色が聞こえてくる。このイントロは、儚げで美しく、根底には意志を貫く強さがある。断固たる決意、信念とも言い換えられるかもしれない。目を瞑り、耳をすまして一音一音を聴く。やがてヴォーカルの息遣いが聞こえてくる。すると静かに空気が一つになっていった。

結論から先に書くと、この日のライブは三代目にとっても、LDHにとっても、そして、応援してくれている皆さんにとっても特別なものとなったと思う。サプライズゲストとして、EXILEから松本利夫、MAKIDAI、AKIRA、TAKAHIROが来てくれた。また、同じく、橘ケンチ、黒木啓司、TETSUYA、SHOKICHI、NESMITH。彼らと僕とEXILE NAOTOは、二代目J Soul Brothersとしてのパフォーマンスを行った。

僕自身にとって、二代目J Soul Brothersが、LDHでのアーティスト人生の始まりなので、こうして、二代目、三代目としてのパフォーマンスを、この「JSB HISTORY」というライブで体現できることは、シンプルに嬉しかった。また、二代目J Soul Brothers時代にカバーした初代J Soul Brothersの曲「Fly Away」を、初代、二代目とともにパフォーマンスしたのは、とても感慨深いものだった。

11月10日は、三代目がデビューした日であり、僕が二代目J Soul Brothersに加入し、初めてパフォーマンスをした日でもあった。そして、何の因果か僕の誕生日でもあった。自分にとって特別な出来事が三つも重なった日だった。

2020年のこの日は、個人的にも、これまでの人生を見つめ直し、改めてこれからを大切に生きたいと思った日になった。

そんな、ビッグデイを終えた僕は、疲れ切っていた。

グループというものは儚い。この7人で、10周年を迎えることができるなんて、デビュー当時は夢にも思っていなかった。10年目という月日はとても長かったようにも感じるし、同時に、あまりに濃過ぎて一瞬のようにも感じる。

別々の場所から集まった7人が、何の因果か一つの場所に集まり、LDHという旗印のもと決して短くはない年数を駆け抜けてきた。7人がそれぞれの人生のタイミングを重ね合わせながら、ここまで歩んできた。

これからは、それが容易にはいかなくなるだろう。それぞれの状況があり、それぞれの選択が生まれるから、同じことをやり続けていくことが難しくなるのだ。社会は変容し、僕らは年齢を重ねる。これからは、それぞれが将来のビジョンを実現していく。これまでの活動で、7人だからこそ組み上がったパズルが、7人だからこそ身動きが取りづらくなるときがくる。何を大切にし、何を選び、どう生きるか。自らの人生とグループを重ね合わせながら、それぞれの思いが込められ、グループが動いていく。

六場　メンバーのプロデュース

三代目にとって、10周年を祝うスペシャルな一年になるはずだった2020年が、新型コロナウイルスの影響を受けたことで、2021年にリリースした「100 SEASONS／TONIGHT」は、三代目の今の制作体制を大きく反映していた。

3回目となる緊急事態宣言さなかの5月の東京。新曲のテーマ、リリースする楽曲に込めるべきメッセージなどを打ち合わせていたところ、登坂からこんな提案があった。

「こういった状況だからこそ、みんながゆったりと聴けるチル（リラックスした）な曲が良いんじゃないか」

2020年から続く、感染症対策の大変さや感染リスクへの不安を誰もが抱え、緊張状態を強いられていた。そんな日々を少しでも癒せるような曲を三代目から発信できると良いのではということだった。

そうして生まれたのが「100 SEASONS」。ありふれた日常の素晴らしさに改めて気づき、君と歩いていく、と歌うこの曲は、聴きやすい曲調であると同時に、普遍的なメッセージを持つ力強い曲になった。

対して「TONIGHT」はELLYが三代目を初プロデュースし、楽曲の制作からミュージックビデオに至るまで手がけた。サビを今市、メロを登坂、ラップをELLYというように、今まで行ったことのない歌唱スタイルの提案をしたり、振り付けにおいても7人を生かすような構成を考え、三代目の新たな一面を生み出した。

このように、それぞれのメンバーが個人活動だけではなく、そこで得た経験やブレーンなどを、グループにもたらしてくれることが増えていった。

NAOTOはアパレルブランド「STUDIO SEVEN」を自ら立ち上げ、今では三代目の衣装をプロデュースしている。

健二郎は朝の情報番組やバラエティへの出演でテレビの世界での立ち位置を築いていっている。加えて趣味が高じてDIYに関する自らの個人番組を始めたり、幼い頃から釣りが好きだったこともありアウトドアグッズをプロデュースしたりしている。

岩田は常に何冊もの台本を持ち歩き、ドラマや映画への出演を続けながらも、2021年からは自身のクリエイティビティを総合的に表現すべく、「Be My Guest」というプロジェクトを立ち上げた。

今市はＣＨＡＯＳ ＣＩＴＹ（カオスシティ）という架空の都市を舞台にアルバムを制作したりと、独自の音楽性を深め、ＬＤＨの中でも唯一無二の存在感を発している。

ＥＬＬＹは「ＴＯＮＩＧＨＴ」でも発揮したプロデュース力を活かし、自身のプロジェクトであるＣｒａｚｙＢｏｙ ＥＮＴＥＲＴＡＩＮＭＥＮＴでラッパーとしての活動をする一方、ＬＤＨでも楽曲や振り付けのプロデュースを行っている。

登坂は、精力的なソロ活動の傍ら、ＬＤＨが仕掛ける次世代アーティストを発掘するオーディション「ｉＣＯＮ Ｚ～Ｄｒｅａｍｓ Ｆｏｒ Ｃｈｉｌｄｒｅｎ～」で、自身のプロジェクトであるＣＤＬ ｅｎｔｅｒｔａｉｎｍｅｎｔ、ＢＴＳを擁するＨＹＢＥとともにガールズグループをプロデュースする予定だ。

ステージに憧れ、オーディションで夢を摑み、三代目 Ｊ ＳＯＵＬ ＢＲＯＴＨＥＲＳとして次の時代を託されたメンバーが、培った経験をもとにそれぞれの個性に合わせた新たな表現方法の中で、その思いが花開いている。

七場　J SOUL BROTHERSの歴史〈1991-2008〉

1999年、HIROを中心に、MATSU、ÜSA、MAKIDAIを擁するダンス・アンド・ヴォーカルグループ、J Soul Brothers（以降、初代）が結成された。ヴォーカルをダンサーが囲うフォーメーションで、ダンサブルな楽曲をパフォーマンスし、歌と音楽だけでなく、視覚でも楽曲の世界観を届けていくオリジナルスタイルは、初代の時点ですでに確立していた。これは世界中の音楽シーンを見てもレアな形態であり、ダンサーをパフォーマーと呼び、正式メンバーとして認知させたことは、ダンサーそのものの価値をあげた革命であり、功績である。

この流れの源は、1991年にHIROらが結成した、アメリカのビッグアーティストであるボビー・ブラウンから命名されたダンスチーム、Japanese Soul Brothers（以降、JSB）から始まる。

ボビー・ブラウンのバックダンサーであり、世界的にも有名なダンスチームであったSoul Brothersの名を冠しており、ボビー・ブラウンが来日ツアーの際、クラブで見かけたHIROらのダンスに感動し、「You are Japanese

Ｓｏｕｌ Ｂｒｏｔｈｅｒｓ！（君たちは、日本のＳｏｕｌ Ｂｒｏｔｈｅｒｓだ！）」と言ったことから名付けられたと聞き、当時ものすごく興奮したことを覚えている。

そこに、ＢＡＢＹ ＮＡＩＬ（ベイビーネイル）という、若手筆頭株のダンスチームで活動していた、ＭＡＴＳＵ、ÜＳＡ、ＭＡＫＩＤＡＩが参加したのは、１９９８年のことであった。その1年後、ＨＩＲＯはアーティストとしてメジャーシーンへの挑戦を考え、３人へ初代Ｊ Ｓｏｕｌ Ｂｒｏｔｈｅｒｓへの参加を打診した（この辺りの詳細はＨＩＲＯの著作である『Ｂボーイサラリーマン』を参照されたい）。

１９９９年から２００１年の約二年にわたる活動であったが、初代は三枚のシングルをリリースし、精力的な活動をしていた。楽曲やクリエイティビティに関しても、メンバー自身からの発信で作った。

例えば、ＨＩＲＯがＥｌｉｓｈａ Ｌａ'Ｖｅｒｎｅというアーティストの楽曲を気に入り、調べてみると日本人のトラックメイカーが作ったものだとわかると、ＨＩＲＯは、直接そのクリエイターにコンタクトを取り、楽曲の制作を依頼した。それがシングルになったのだ。

そして初代は、新たな挑戦へと踏み出す。ヴォーカルのメンバーチェンジ、グループ名の変更を経て、EXILEとしての活動を始めることになる。ここで、J Soul Brothersとしての活動は一旦休止するのだが、EXILEの活動が2001年に始まった後も、2002年の1st Albumには、初代の曲が4曲もカバーされている。また、パフォーマーパートで、のちにEXILEのパフォーマーにとって大切な振り付けになる「JB」も、初代から踊られているものであり、それもEXILEに受け継がれていくことになる。

J Soul Brothersが再び脚光を浴びるのは、2006年のことである。新生J Soul Brothers（以降、二代目）として新たなメンバーで活動する構想が持ち上がったのだ。

「J Soul Brothersという名前にものすごい愛着があって、思い入れがあるので、いつかまた、僕らとは違う若い世代で、何かできたら良いなと思っていた」

とHIROは語っていた。

当時、EXPG（現EXPG STUDIO）にインストラクターとして所属していた僕は、その知らせを聞き、どうにかその情報元をたどりビデオオーディションに参加した。

しかし、残念ながら「落選」という知らせだけが届いた。

J Soul Brothers、およびJSBは、ダンサーにとっては伝説的グループであった。多くのダンサーが参加したオーディションを経て、2007年1月、二代目の始動が発表された。そして、8月には、東京ビッグサイトで行われたアリーナツアー「EXILE LIVE TOUR 2007〝EXILE EVOLUTION〟〜SUMMER TIME LOVE〜」でメンバーが公表された。パフォーマーは、橘ケンチ、黒木啓司、TETSUYA。ヴォーカルは、TAKAHIROを輩出したオーディションの参加者だったNESMITH、SHOKICHIである。

2005年12月より、EXPG東京校（現EXPG STUDIO TOKYO）のインストラクターとして関わっていた僕は、同じくインストラクターを務めていた3人とは面識があり、メンバーに決まったことを聞いて、悔しかったことを覚えている。公演では、僕はキッズダンサーの引率として、ライブをサポートしていた。当時、キッズダンサーであったGENERATIONSの小森隼もその中に入っており、「WON'T BE LONG」のステージへの動線を案内したりしていた。

二代目の発表のタイミングでは、ステージ裏からステージを眺めていた。隙間から見えるステージにはスモークがたかれ、5人がパフォーマンスをしている。

「J．S．B．　Is　Back」と歌う彼らを、大きな声援が包み、二代目の始動は盛大に祝福された。

その後、二代目は、COLOR（現DEEP　SQUAD　ディープスクワッド）の全国ツアーに同行し、デビュー前ながらも各地で声援を集めていた。

その頃、EXPGでの業務を終えると、上司であるPATOさんに呼び出された。

「直己、HIROさんから今度会って話したいことがあるって言われたんだけど、予定空いているかな？」

そんなことを言われたのは初めてだった。

「もちろんです。いつでも空いています」

「わかった。そう伝えとく。……会ったら、直己の気持ちを素直に伝えるんだよ」

「わかりました」

意味深なPATOさんの言葉を飲み込めずに、どこか引っかかりを感じながら、HIROとのミーティングの日を待った。

ミーティングの日時が決まり、LDHへ出かけた。今とは違って、かなり小さめのオフィスだ。ここへは、インストラクターとして、朝礼や打ち合わせで何度も来ていた。

余裕を持って出てきたので、予定時刻の前に会議室に到着した。扉は閉まっており、中からボソボソと話し声が聞こえる。

おとなしく待合の席に座って待っていると、数分後に中から人が出て来た。NAOTOだ。

NAOTOとは、随分前から面識があった。共通の先輩がおり、その先輩が、

「直己に会わせたい奴がいるんだ。二人は俺の中で面白い後輩なんだよね」

と言葉をかけてくれ、新宿にあるダンススタジオを一緒に訪れた。

レッスン終わりのスタジオに入っていくと、見覚えのあるダンサーがいた。

「おう、NAOTO。こいつ、会わせたかった直己って言うんだ」

細かい説明もなしに、先輩が紹介してくれた。

僕は一方的にNAOTOを知っていた。年が一つしか違わないのに、すでに有名アーティストのバックダンサーを数多くこなしていたNAOTOは、同じ世代でも特に有名だった。NAOTOが組んでいるダンスチーム「SCREAM」は、渋谷系ダンサーを代表する有名チームで、多くのファンがついていった。

「どうも」

「よろしく」

そんなそっけない会話をしたような気がする。

それ以降、僕が参加している「ＲＡＧ ＰＯＵＮＤ」とＮＡＯＴＯの「ＳＣＲＥＡＭ」は、よくダンスイベントで顔を合わせるようになった。

踊りのジャンルはかけ離れているが、ＮＡＯＴＯも僕らのチームに興味を持ってくれ、顔を合わすと挨拶するようになっていった。

場所をＬＤＨに戻そう。

会議室から出て来たＮＡＯＴＯは、僕を見ると驚いたような、納得したような、不思議な表情をした。

「お疲れさまです」

「うん、お疲れさまです。そうか、直己か」

そんな言葉を二、三交わし、ＮＡＯＴＯは先に帰っていった。

会議室の中に入ると、ＨＩＲＯが一人で座っていた。会社ですれ違う時に挨拶をしたことはあるが、こうして面と向かって話すのは初めてである。心拍数が自然と上がってくるのを感じる。正面に座ると、穏やかな表情のＨＩＲＯが、まっすぐこちらを見てくる。

「早速なんだけれど、前に二代目のオーディションに応募してくれたよね」

「はい」

「その気持ちは変わってないのかな？」

僕もまっすぐＨＩＲＯの目を見て、答えた。

「はい、アーティストになりたいです」

ＨＩＲＯは少し笑顔になると、

「二代目に、パフォーマーを2名追加しようと思っている。もしよかったら、二代目Ｊ Ｓｏｕｌ Ｂｒｏｔｈｅｒｓに加入してもらおうと思っているんだけど……」

想像もしていない、あまりにも突然の話に、金槌で頭を殴られたような、鈍い衝撃が走った。そんなことが自分の身に起きるなんて……頭が追いつかない。

その時、ＰＡＴＯさんの言葉が蘇る。

「直己の気持ちを素直に伝えるんだよ」

頭が真っ白になりながらも、とにかく答えた。

「はい、絶対にやらせていただきたいです。よろしくお願いします」

目の前に突然現れた「アーティストになる」という選択を、瞬間的に選択し、答えた。

そこから、どんな話をしたのか覚えていないが、どうやら僕は、二代目に入ることとなった。7人のお披露目まで、2週間しかなかった。

先に活動していた5人と、急いでリハーサルし、これまでのパフォーマンスを覚えることはもちろんのこと、5人のパフォーマンスを7人用に作り替えなくてはならない。

そのリハーサル初日、ＮＡＯＴＯと再会する。

「あの時、直己が会議室の前で待っていたから、『あぁ、そういうことか』と思ったよ」

どうやらあの瞬間、ＮＡＯＴＯはもう一人の加入メンバーが僕だと気づいたようだ。僕も、これから一緒に活動していくのが、同世代で憧れていたＮＡＯＴＯだったことで、不安よりもどんな面白いことができるんだろうという期待が上回っていた。

リハーサルは、紆余曲折《うよきょくせつ》がありながらもどんどんと進行していった。

色々な思いがあったはずなのに、新加入の僕らを受け入れてくれた、橘ケンチ、黒木啓司、ＴＥＴＳＵＹＡ、ＮＥＳＭＩＴＨ、ＳＨＯＫＩＣＨＩには感謝しかない。


２００７年11月10日。

Ｚｅｐｐ Ｏｓａｋａ（現Ｚｅｐｐ Ｎａｍｂａ）でＣＯＬＯＲの大阪公演があり、ここで7人のお披露目が行われた。事前告知は全くなく、先週まで5人だった二代目が、今日からいきなり7人になる。

新しく参加する僕は、試されていると感じた。

絶対に、負けない。

自然とそう思っていた。

「1．2．5．Ｏｈ！」

円陣を組んで気合入れをして、ステージに飛び出した。

1曲目のダンスナンバーを全力で踊りきり、あの時にステージ袖から見ていた楽曲「J.S.B. Is Back」を、今度はメンバーとしてパフォーマンスした。

人生何が起きるかわからないものだ。計3曲のパフォーマンスはあっという間に終わり、ステージ袖に倒れこんだ。たかだか15分ほどのパフォーマンスで全ての体力を使い切った。

でも、有り余るほどの充実感と達成感に満ちあふれている。

ここから、僕のLDHアーティスト人生がスタートした。

八場　J SOUL BROTHERSの歴史〈2008-2021〉

二代目としての活動が始まった、2007年はそのままCOLORのツアーに同行した。あっという間に一年が終わり、2008年になると、1st Single「WE!」のレコーディングのために、アメリカ・アトランタ在住のプロデューサーGIANT SWINGのプライベートスタジオに向かった。現地で、合宿しながらの制作となった。初代の楽曲を制作したプロデューサーチームとの1st Singleの制作は、とても思い入れが深いものとなった。

地下のレコーディングスタジオで1パート録音するごとに、その音源を持ち出し、アメリカ様式の広く張り出した玄関ポーチで振り付けを作った。

途中、パトカーが何台も集まってしまう騒ぎにもなったけれど、無事に完成し、帰国した。

その後、楽曲の制作を続けながら、マイクロバス一台で全国をライブパフォーマンスして回る「武者修行」を経験し、ドームツアー「EXILE LIVE TOUR〝EXILE

ＰＥＲＦＥＣＴ ＬＩＶＥ ２００８〟」への出演が決まる。サポートダンサーとしての出演だけでなく、二代目として、「24ｋａｒａｔｓ」とＥＸＩＬＥとの正式なコラボレーションに、アーティストとしてドームのステージに立たせてもらうことができた。

最終日は、カウントダウンライブだった。

汗だくでステージを降り、スタッフにお礼を述べながら、楽屋に向かおうとすると、スタッフに声をかけられた。

「ＨＩＲＯさんから話があるから、みんな、ついてきてもらっていいかな」

一体何を話されるのか、見当もつかなかった僕は、何かしでかしてしまったのではないかという一抹《いちまつ》の不安に襲われた。

本番を終えた巨大なセットの裏を通り抜け、建物の中の一室に入っていく。

するとそこには、ＨＩＲＯとハンディカメラを持った人たちが待ち受けていた。

「お疲れさまでした！」

ＨＩＲＯから、まずはライブへの労《ねぎら》いの言葉をかけられた。

「このライブは、二代目のみんなにとっても、大きな経験になったと思う」

確かに、武者修行という全国各地でのライブパフォーマンスに続いて、こうして、５万人もの人が集まるドームでパフォーマンスができたことは、確実にこれからのアーティスト人生にとって大切な経験となった。

そして、ＨＩＲＯは言葉を続けていく。

「自分が思っているエンタテインメント像やＥＸＩＬＥ像は残していきたい」

「出会い方はそれぞれバラバラだったけど」

「永遠というものはないじゃない？」

「自分たちがいなくなっても、そこに込めた思いや信念が残っていくような」

そのあとの衝撃が大きすぎて、記憶が曖昧なのだけれど、まっすぐに僕たちを見て話すＨＩＲＯの瞳は、今でもはっきり覚えている。そして、こう告げた。

「二代目とともに、14人のＥＸＩＬＥとして活動していきたいと思っている」

ＥＸＩＬＥになるという選択を僕はした。２００９年の始まりとともに、新たな人生が幕を開けた。


２００７年に活動を始め、２００９年にＥＸＩＬＥにメンバー全員が加入する形で、活動を終えた二代目 Ｊ Ｓｏｕｌ Ｂｒｏｔｈｅｒｓ。インディーズシングルを4枚、メジャーアルバムを1枚リリースし、約二年の活動の中で、Ｊ Ｓｏｕｌ Ｂｒｏｔｈｅｒｓの名前を引き継いだ。

そして、この一年後、ＨＩＲＯの口から新たに出た言葉が、

「三代目Ｊ ＳＯＵＬ ＢＲＯＴＨＥＲＳを結成したいと思っている。リーダーには、ＮＡＯＴＯ、そして、直己を考えている」

三代目の活動では、二代目で経験した数々が、本当に役に立った。

二代目では、アルバムでのメジャーデビューの四日後にＥＸＩＬＥに加入し、「売れていくため」という過程を経験せずにビッググループの一員となったが、三代目ではＥＸＩＬＥのノウハウは受け継ぎつつも、しっかりと三代目としてデビューからの経験をさせてもらった。


それから五年が経った２０１５年、初めてのドームでのライブツアーを迎えた。

最後のリハーサルをする直前、客席でＨＩＲＯとステージを眺める機会があった。その時のＨＩＲＯの言葉が、今でも印象に残っている。

「Ｊ Ｓｏｕｌ Ｂｒｏｔｈｅｒｓという名前は、自分にとってやっぱり青春だし、ずっと思い入れがあった。そのグループ名が、こうして何十年も経って今、このドームの会場に掲げられていることがとても感慨深い」

その言葉を聞いた時に、このグループの名前をやっと継承できたのではないかと感じた。

また、受けてきた恩を少しでも返せたのかもしれないとも。
J Soul Brothersは、僕にとっても青春だった。

初代の結成から、二十二年。その大元となったダンスグループ時代から数えると、今年（2021）で三十年が経つ。そこには、多くの人の思いとプライドが混じり合った、JSB HISTORYが存在している。

LDHには、EXILE、EXILE TRIBEという大きな輪が存在するが、それと同じく、いや、それ以上に広がるJ SOULの輪というものが存在しているのだ。

EXILEの原点であり、熱き思いの源であるJ Soul Brothersは、三世代目まで継承された。ミリオンヒットやドームツアーなど、多くの夢を叶え、10周年を迎えることができた。

物語はこれからも続いていく。

永遠というものはないかもしれないけれど、J Soul Brothersは、メンバーがいなくなっても、そこに込めた思いや信念に触れた人間が、また炎を燃やし、輝かせていく。

長い歴史の一端を担えたことを、僕は誇りに思う。

JSB

幕間 3

にがみ

自分の作品を見返すことは、僕はあまりない。ライブやミュージックビデオなどの映像作品は、リリースするまでに何度も修正を繰り返しているので、確認のために何十回も見るのだ。しかし、一度世に出ていくと自ら見ることはしない。

作品には、その時代の空気や思いが閉じ込められていて、見るのが辛いことがある。初心を思い出したり、苦労が呼び起こされそこから何か学びを得ることもあるが、それ以上に当時の自分と向き合わなければいけなくなるのがきつい。

当時の自分にできる最高のパフォーマンスを出しているし、今では簡単に再現できないものもあるだろう。しかし、逆に足りないものも多く、今ならわかるのだが、視点や狙いが見えていなく、自分が恥ずかしい。とても狭い視野で生きていて、外には広い世界が広がっていることに気づいていないのだ。まるで自分の反抗期を目の前で

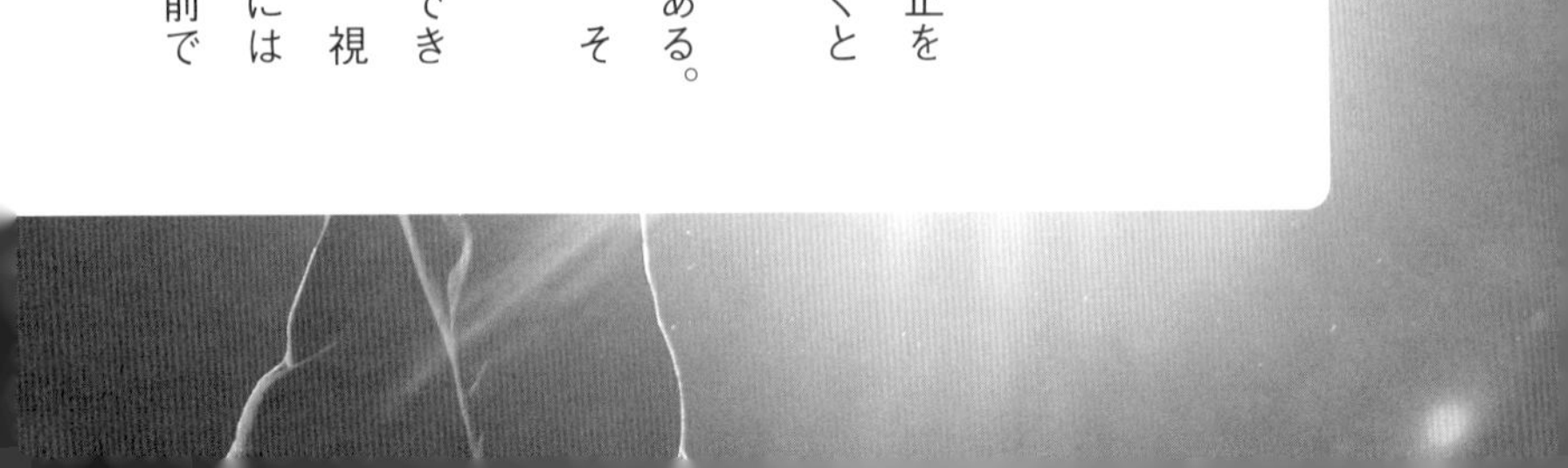

見せられているような、そんな感覚に陥るのだ。なんというか、苦い。

ただ、重苦しい話だけでもない。

髪型の変遷を見るだけで、

「ああ、気負っていたんだな」

と当時の自分を可愛く思ったりもする。

作品ごとに、コンセプトやテーマに合わせて髪型を変え、ミュージックビデオの撮影に臨んだ。時にやりすぎてしまうことがあったが、それもまた自分らしい。

当時の思いを昇華できていなかったり、今の自分に納得していないところがあるせいなのかもしれない。今もまだ、真っ直ぐ振り返ることが難しい時代はいくつかある。

でも、この先にたどり着く理想の自分から、これまでの自分の歩みを振り返ったときに、肯定できるような自分になっていたい。いつか苦味が甘い思い出に変わりますように。

第四幕

小林直己

一場　英語はツール　映画「アースクエイクバード」

「パンデミック」という言葉がこれほど浸透するとは思っていなかった。世界が一つの話題を同時に取り上げることも想像できなかった。

新型コロナウイルス感染の影響が自分の生活に直結していたり、世界各地で開催された有名アーティストが人々を励ますアットホームライブを観ることができた。それに自分も癒されるとは数年前は想像することができなかった。そんなことを思いながら、最近は、ストリーミングサービスを利用して、ＣＮＮやＢＢＣといった海外のニュースをリアルタイムでチェックしている。英語の学習も兼ねて。

英語は、僕にとって積極的に身に付けたい外国語だ。学生時代から英語を使いこなすことに憧れはあったのだが、本格的に取り組みはじめたのは五年ほど前から。その時期は、グループでのアーティスト活動が例年よりも抑えられており、僕には時間があった。

自分を客観視してみると、個性的ではあるけれど、キャスティングに上がるような要素をもっと足すと良さそうだ。そう感じていた僕は、自分に何か特徴付けようと考えた。そして、この際だから、小手先のものではなく、昔から持っている夢が形になり、それが仕事になっていけばいいなと考えた。

「自分のなりたい姿になってみよう」

と考えた時にふと浮かんだのが英語だった。一つの選択をした。

さっそく英会話教室に申し込んだ。1日5時間、週に4日以上。ただ学習カリキュラムをこなすだけでなく、自らの興味に従いながら学び進めた。

SNSを開けば好きなアーティストが世界の裏側で自分の考えを呟《つぶや》き、YouTubeでは人生に影響を与えてくれた映画の舞台裏が流れている。憧れの俳優が自らの演技論や、活動を通じ享受したいものを語っていた。教科書以外にも教材はあふれているし、言語はあくまでツールだと感じた。同時に目標も設定した。

当時僕が出演し、まさに編集作業中だった「たたら侍」という作品が、一年後にアメリカでもプレミア上映されるらしいという情報を聞いた。

「その日には英語でスピーチをしよう。それができなければ、もう僕は、英語を話せるようにはならないだろう」

と決意し、目標に向かって走り出した。

英語を学習していた時期によく観ていたのは、「ハリウッド・レポーター」というメディアの「アクターズ・ラウンド・テーブル」いう番組だ。ハリウッド俳優が円卓に座り、生い立ちや参加した作品の裏話、そして、演技論について語り合う。いろんな組み合わせの討論を聞くと、俳優たちがそれぞれ独立した存在であり、互いを尊重しながらも、自らの生き方を選ぶという考え方に、これまで少なからず人の顔色を窺《うかが》いながら生きてきた自分は影響を受けた。

「アクターズ・ラウンド・テーブル」では、チャドウィック・ボーズマン（「ブラックパンサー」）、ティモシー・シャラメ（「ビューティフル・ボーイ」）、ヴィゴ・モーテンセン（「グリーンブック」）、マハーシャラ・アリ（「グリーンブック」）、ヒュー・ジャックマン（「フロントランナー」）、リチャード・E・グラント（「ある女流作家の罪と罰」）といった僕の好きな作品に出演した俳優が一堂に会した回が好きだ。

学び始めて一年後。

ハリウッドのエジプシャンシアターで行われた「たたら侍」のプレミア上映会の舞台に僕は立った。

英語でスピーチをした。

今見ると、拙《つたな》さが恥ずかしいが、そこには僕の英語の初心が詰まっている。

僕が憧れた世界は、夢物語じゃない。

僕が生きているこの世界と地続きに繫がっている。

少しずつ英語が理解できるようになってくると、そんなふうに思えた。すると、事態は動き出していった。


2019年11月にNetflixで配信された「アースクエイクバード」という作品への出演は、僕にとって大きな転換点となった。

製作総指揮は「エイリアン」「グラディエーター」などを手がけ、第一線で活躍する映画監督、リドリー・スコット。原作は、英国推理作家協会賞の最優秀新人賞に輝いたスザンナ・ジョーンズの同名小説。「リリーのすべて」でアカデミー賞助演女優賞を受賞したアリシア・ヴィキャンデルをはじめとする俳優陣、撮影監督には「オールド・ボーイ」のチョン・ジョンフン、「アリスのままで」を手がけたウォッシュ・ウェストモアランドが監督を務めたNetflixオリジナル映画である。

僕にとって、英語を中心とした初めての海外作品だった。

三人の人物を中心に進んでいく物語で、アリシア・ヴィキャンデルと「マッドマックス 怒りのデス・ロード」のライリー・キーオとともに、僕は松田禎司という人物を演じた。

オーディションで選ばれたこの経験は、そのプロセスも含めて、刺激的で、表現者としての視野を大きく広げてくれた。

オーディションが行われたのは、２０１８年の11月。

僕はその一年ほど前から、海外での活動を考え始め、語学をはじめ殺陣やアクションなどを学び、準備し始めていた。国外の活動をマネジメントするエージェントと契約し、サポート体制を整え、いくつかのオーディションを受けていた。

「アースクエイクバード」のオーディションは突然舞い込んできた。

「一週間後に、日本を舞台としたインターナショナル作品のオーディションがある。条件が合いそうなので受けてみてはどうか」

という話がエージェントから来たので、二つ返事で了承し、すぐに準備に取り掛かった。

もちろん台本は英語である。

それだけではない。インターナショナル作品ということで、スタッフ編成も普段とは違った。

監督はイギリスから、カメラマンは韓国から、制作チームはアメリカからといった具合で、世界各国から日本に集結するのだ。

ビデオオーディションでは、いくつかのシーンを撮影した。

数日後、再度、別のシーンを見たいという連絡があった。

コールバック（再審査）がかかるということは、良い知らせである。

その後、何度かコールバックは続き、その度に準備をして臨んだ。


脚本を初めに読んだ時から、僕が演じる禎司という人物に自分との共通点を感じる部分があった。これまでオーディションを受けてきた役と何かが違っていた。

「どうしても演じたい」という強い想いが湧き出て、原作も読み、準備にも熱が入っていった。


ビデオオーディションが数回続いた後、監督から連絡があった。オンラインでビデオ通話をしながら、実際にシーンを演じてほしいとのことだった。

海外で何度か演技のレッスンや演出を受けたことはあったが、ビデオ通話での監督とのやりとりは、これまで経験したことのないものだった。

監督のウォッシュ・ウェストモアランドは、笑顔が印象的な柔和な人だったが、時折見せる、人を奥底まで分析するようなシリアスな瞳が印象的だった。今まで、アメリカ英語に慣れていた僕は、ウォッシュのイギリス英語の発音の聞き取りに苦労した。

いくつかのシーンを、監督が提示する違う演出で芝居していった。

三つ、四つ、ストーリーの中で重要なシーンを演じていく。

表現方法を変えながら演じてみたそれはとても心躍る楽しい時間だった。

30分ほどすると、ウォッシュは満足したように、

「今日はありがとう。ここからは直己の話を聞かせてくれないか。ちなみに、直己の興味のあるものって何かな」

と質問してきた。

突然のことで少し悩んだけれど、これまで取り組んできたダンス、中でも、自分がこのエンタテインメントの世界に入るきっかけとなった「ＫＲＵＭＰ（クランプ）」という踊りについて話すことにした。

「ＫＲＵＭＰ」は、ＬＡの中でも、当時は最貧困地域の一つとされていたサウス・セントラルで生まれた踊りだ。まるで戦うかのように拳を振り回し、胸を突き出し、地面を強く踏む。そのダンススタイルは、家族や仕事もなく、食べていくためにギャングやドラッグディーラーになるしかない若者たちが、暴力や犯罪ではなく音楽と踊りをエネルギーにして、手を取り合って生き抜いていくというカルチャーから生まれたものだった。

このダンスの特徴は、踊っている一人を円陣を組むように取り囲み、まるで応援するか

のように鼓舞し合う「セッション」があることだ。

踊っている本人は、普段の生活や自身のこれまでの人生などで抱えるネガティブな気持ちを吐き出し、昇華させるかのように踊り表現し、限界まで体を酷使する。それを、全員で支え、守り、励ますことで、限界を突破しネガティブを克服した自分に出会えるというダンスだ。ただの踊りではない、「生きる力」みたいなものを感じることができるところに、僕は強烈に惹かれた。

僕自身は、なぜか幼い頃から「人に忘れられたくない」という強い欲求があった。

それとは別に、――何を観たのか忘れてしまったのだが――強烈に恐怖を感じた出来事があり、それがずっと忘れられなかった。

その二つが結びついたことにより、

「人の心に傷をつけるほどの表現をすることができれば、僕を覚えていてくれるんじゃないか」

という思いを抱いていた。

その後、ダンスを始めると、自分が求めている動きを表現している影のようなものが見えるようになった。それを追うことで、自分の理想とするダンスが踊れるようになっていった。それらの感覚と結びついたのが「ＫＲＵＭＰ」で、ネットで見かけた一つの動画で一気に心奪われ、独学で学び続けたのだ。

話をオーディションに戻そう。

そういった、自分の持つ、得体の知れない衝動について気がついたら一時間以上も喋っていた。ウォッシュも興味を持って聞いてくれたようで、その日は終わった。

2018年も12月になり、一年が終わりを告げようとしていた。

LDHの会議室でミーティングを終え、一人で次のミーティングを待っていると、ちょうどエージェントから連絡があった。

「受かりました。禎司役が直己さんに決まりました！」

「うそ……本当？」

本当に嬉しいと、人間は膝が震えて腰を抜かすというのは本当なんだと体感した。

会議室の角で壁に手を突きながら電話を切った。大きく息を吐き、喜びをかみしめた。

オーディションを経て役を勝ち取ったのは、初めてのことだった。

信じられない気持ちと、達成感のようなものが同時に胸に押し寄せてきた。

気がつけば、呼吸が浅くなり、心拍数も上がっていた。一度大きく深呼吸をして、席に着いた。そして、すぐさま気持ちを切り替え、役作りのために鹿児島行きのチケットを取った。原作に、松田禎司の出身地という描写があったからだ。

撮影は、2019年の前半に行われた。
東京都内のスタジオにセットを組み、室内のシーンを撮影しながら、ロケーションも、東京、名古屋、佐渡島と、いくつかの場所で行われた。その時期はちょうど、EXILEと三代目 J SOUL BROTHERSでドームツアーを回っており、ツアー先からロケ現場に行き、そのままツアーへ戻るといった具合で休みなく日々動いていた。

制作チームはさまざまな人種のスタッフが入り混じり、いくつもの言語が飛び交っていた。撮影はハリウッドの俳優組合のルールで行われた。また、配信元となるNetflixは当時から、ハラスメントに対し厳しい基準を設けており、それに対する研修なども撮影が始まる前に行われ、僕はインターナショナル作品の洗礼を日々受けることとなった。肉体的には過酷な毎日だったが、ただただ楽しかった。

撮影が終わった後は、アフレコ（音声を別撮りすること）がある。
仕事の関係で、各地に滞在していた僕は、東京、ロンドン、LAなど、さまざまなスタジオでアフレコを行った。また、急遽追加撮影が決まり、夏を過ぎたあたりでLAに飛び、二日間の撮影に臨んだりもした。

そして、作品は無事に完成した。ロンドン国際映画祭でワールドプレミアを迎えることになり、10月にロンドンを訪れた。

現地では映画祭への出席と、いくつかの取材をこなした。東京国際映画祭に出品されることが決まり、11月に帰国。家族を映画祭に招待したり、映画祭の後は、撮影チームとLDHのスタッフとの食事会を設けたりした。

その後、作品は北米を中心に世界中で公開された。


僕が、さまざまな映画から多くの影響を受けてきたように、世界のどこかで、誰かがこの映画を観てくれるかもしれない。

エンタテインメントが持つ力と、人生の不思議さを感じた。また、今回の国際色豊かな経験は、自分を、LDHのアーティストグループの一員という括りや、「日本人として」という枠にはまった考えから解放してくれた。

僕は僕以外の何者でもないのだ。

ただ単純に、出会った目の前の人たちと、繋がっていくんだ。

インターナショナル作品が持つ広がりを体感した僕は、自分の活路を見出したような気がした。この作品の撮影に入る前に、通っていた俳優の杉良太郎さんの演劇塾で杉さんに言われた言葉を思い出した。

「直己。お前はテレビのフレームに収まるようなサイズではない。映画のスクリーンのサイズがお前に合っている。映画に出なさい。そして、本物をやるんだ」

ワールドプレミアを迎えたロンドン映画祭で、「エイリアン」「ブレードランナー」「ブラック・レイン」の監督で、今作のエグゼクティブプロデューサーを務めていたリドリー・スコットからはこう言われた。

「君は映画に必要な存在感がある。これからも続けたほうがいい」

身に余る言葉をいただいた時、こんな想いが素直に浮かんできた。

「あぁ、ここからが〝始まり〟なんだ」

2021年2月、感染対策の観点から、日本からの発着便については、ビジネスを含め国外への全ての渡航を一時停止されることになった。国外での活動は未だ再開の目処は立っていない。しかし、ビデオオーディションという形態があるように、今はオンラインでの撮影があったり、国内でもさまざまなプロジェクトが進行している。SNSなどを通じ、表現の場も増え、コンテンツは国境の壁を越えて広がり続けていく。

海外作品に出演するという選択は、僕にとって大きな決断だった、そこから得たものは自分が想像するより何倍も大きかった。人との出会いや各国への訪問で得た経験は財産になった。一つの選択がいくつもの小さな奇跡を呼び込んでくれた。

僕は、やはり、海外での活動がどうしてもやりたい。自分が楽にいられるような気がしている。素直に自分らしくいられるのだ。

小さい頃からの憧れを人生で実現するためには、そろそろ具体的に動いていく時期だと考えている。

新型コロナウイルスの感染拡大によって国内のエンタテインメントの状況は見通しを模索しなければならなくなった。ＬＤＨやグループの方向性や考え方を踏まえ、どうやって僕自身の活動を実りあるものにし、仲間たちに還元していくかというのが、目下の課題である。

時間とお金は限られている。

「行くなら今しかない」

そう思っている。

二場　人生をエンタテインメントに融合する「ＨｉＧＨ＆ＬＯＷ」

自分の人生を、エンタテインメントに溶け込ませていくこと。

それは、ＬＤＨの活動を通じて学んだことの一つである。

人生の中で気づいた大切にしたいことや、世の中に叫びたいことをストーリーを通して表す。それを軸にライブを作ったり、スローガンとして掲げ、活動していく。ステートメントを直接的に伝えるよりも、そちらの方が、より拡散する可能性が高いと感じたし、さまざまな境界線を越えていきやすい。

それこそがエンタテインメントの力であり、文化だと実感している。


僕がそのように感じることになった活動の中で特に印象的な一例が「Ｈ・ｉＧＨ＆ＬＯＷ」というメディアミックス・プロジェクトである。

２０１５年にはじまったこのプロジェクトは、ＥＸＩＬＥ ＴＲＩＢＥの総合エンタテインメント・プロジェクトとして企画・制作された。

テレビドラマ、映画、コミック、ネット配信、音楽、ライブツアー、ＳＮＳ、イベント、フラッシュアニメ、ソーシャルゲーム……さまざまなメディアで展開するLDHの完全オリジナル作品である。

不良たちの抗争と仲間同士の絆を描き、また、社会問題を取り入れたこの作品は、物語の展開のユニークさや、撮影規模の大きさも相まって、これまでにない盛り上がりを見せた。

特に、世界観とキャラクターのバックストーリーの作り込みの深さは視聴者のオタク心を刺激し、これまでのLDHファンとは異なる、いわゆる「二次元ファン」にもEXILE TRIBEの認知を広げることとなった。同じ世界観のもと、現在も断続的に作品が展開されている。

「HiGH&LOW」は、制作スタイルがなんとも面白い。

僕がこの作品へ出演することになったのは三作目の「HiGH&LOW THE MOVIE2 END OF SKY」。同作が準備段階に入った2016年、脚本を担当する平沼紀久さんから打ち合わせの依頼があった。

会議室には、平沼さんがにこやかな笑顔で待っていた。

「話に聞いていると思うけど、直己が演じる役をこれから一緒に作っていこうと思うから、アイデアを聞かせてほしい」

演じる役柄のキャラクターを一から一緒に作っていこうというのだ。なんとも刺激的な体験だと感じたことを強く覚えている。

「全員主役」をテーマに掲げる「HiGH&LOW」は、それぞれのキャラクターが持つバックストーリーを基に話が組み立てられていった。

キャラクター一人一人が動き出し、物語が展開していく。まさにLDHがエンタテインメントやプロジェクトを作り上げるときに大切にする「人との出会いありきで、ストーリーを生み出していく」というコンセプトとリンクしていた。それぞれのキャラクターを演じる本人と一緒に作り出すことにより、本人にしか演じることのできない役が生まれる。それが、スクリーンで大きな存在感を放つのだ。

僕が演じた九鬼源治《くきげんじ》は、裏社会を牛耳《ぎゆうじ》る「九龍《くりゆう》グループ」の直参組織である「黒崎会」の若頭である。抗争が絶えない地域を取り仕切っているやくざであり、その中でも本家に忠誠を尽くす一派の若頭なのだ。――と、ここまでが制作チームが描いた設定であった。そこから先は、今ここで平沼さんとともに肉付けをしていく。

僕が注目したのは「忠誠心」という言葉だ。これがキーワードになると思った。

岩城滉一さん演じる黒崎会の会長・黒崎は、本家会長である津川雅彦さん演じる九世龍《くぜりゆう》心《しん》を慕い、自らの役目を果たしていた。

その黒崎に忠誠を誓う源治を、僕は愛すべきキャラクターだと思った。どこか、可愛らしいとすら感じた。そこで、「源治の忠誠心」に焦点を当て、キャラクターに味をつけていくことにした。

黒崎に指示されたことは何が起きようが完遂した。逆に、忠誠心があるが故に黒崎以外には敵対的である。

映画「ターミネーター2」に登場するT‐1000のような不気味さと、粘着質な雰囲気を纏わせたかった。さらに、作品の世界観に合わせ和の要素を取り入れることはもちろんのこと、世俗に染まらず人との関わりを絶ったような存在にしたかった。

ある意味、そうした源治の姿は、周りを見ずに信じるものに向かって突っ走っていたかつての自分自身のようだった。自分が信じるものに突き進むあまりに、周りに随分と迷惑をかけてしまったこともあっただろう。

今こうして振り返ると、僕は無意識のうちに当時の思いを役柄に投影していたのかもしれない。なんてけなげなことだろうか。

キャラクター名や特徴ある行動など、細部に至るまで念入りに打ち合わせをして、平沼さんとキャラクターを具体化していった。

「うん。特徴は見えてきたね。これで形にできると思う」

「よろしくお願いします」

「それで、服装はどうしようか?」

平沼さんからの質問は、いつも僕のクリエイティビティを刺激するものだった。

「そうですね……、少し考える時間をください」

「わかったよ」

「HiGH&LOW」は、ファッション性も重視していた。これまでに作られたシリーズでも、ハイブランドからストリートブランドまで、さまざまなトップ・ファッションスタイリストと連携し、映画衣装の枠を超えた豪華な衣装を作り上げていた。もちろん、源治の衣装も遜色のないものにしたい。時間の猶予をもらい、衣装を担当していたスタイリストの一人、渡辺康裕さんと連絡を取り、打ち合わせを行うことにした。


2017年1月。

衣装打ち合わせをしたのは、フランス・パリのホテル。

Yohji Yamamotoのコレクションで、ランウェイモデルとしてパリコレクションに参加するために渡仏していた僕は、同じくコレクションの視察のため渡仏していた渡辺さんとホテルのロビーで落ち合った。

「衣装、どうしようか？」

と話す渡辺さんに対し、僕は温めていた一つのアイデアを打ち明けた。

「Ｙｏｈｊｉ Ｙａｍａｍｏｔｏのコートは使えないでしょうか？」

九鬼源治は、「Ｈ・ｉＧＨ＆ＬＯＷ」のメインキャラクターの一人であるＡＫＩＲＡ演じる琥珀《こはく》らを追い続けるシリーズ二作目からのヴィラン（悪役）である。

日本刀を用い、大立ち回りを繰り広げる源治は「美しく」なければならない――というのが僕のイメージだった。屈強で無骨なキャラクターであるからこその「可憐さ」が必要だった。それを表現できるのが、Ｙｏｈｊｉ Ｙａｍａｍｏｔｏの服だと僕は思った。


この世界に入り一番最初に憧れた服がＹｏｈｊｉ Ｙａｍａｍｏｔｏだった。

１９８１年、日本人として初めてフランス・パリでプレタポルテ（高級既製服）コレクションデビューをし、現在まで世界中で多くの愛用者が後を絶たない。

独特のシルエットと他に類を見ない黒の美しさが好きで、必死にお金を貯めてコートを買った（Ｙｏｈｊｉ Ｙａｍａｍｏｔｏのパリコレクションに初めて参加した際には、日本からそのコートを着ていった）。

オーラを纏うように空気を含み、体型や動きと連動して生み出されるシルエットは美しく、削《そ》ぎ落とされた中でしか出せない「刀」のような緊張感がそこにはあった。

そういった特徴に惚れ込み、パフォーマンスの衣装としても度々愛用していた。

山本耀司氏にパリで初めてお会いした時には、想いを綴《つづ》った手紙を手渡したこともあった。

源治のキャラクターを表すには、ＹｏｈｊｉＹａｍａｍｏｔｏのコートを着用するしかない。その想いをスタイリストの渡辺さんに相談した。

「ＹｏｈｊｉＹａｍａｍｏｔｏのコートか……面白いアイデアだとは思う」

僕自身にも懸念は残る。

映画衣装というのは、シーンによって服に汚れをつけたり、ダメージを与えないといけないので、三着は必要だ。こんな高級な衣装を用意するのは難しいのだ。

「コートはＹｏｈｊｉにするとして、インナーはどうする？」

そこでも源治のイメージを丁寧に伝えた。

「源治は、会長であり、ヤクザとしての親である黒崎に忠誠を誓っている。その親の言うことは絶対であり、失敗は死を意味する。だからこそ、その任務を遂行するときは、死装束を着て覚悟を表すんです。だから、白い襦袢《じゅばん》がいいと思っています」

源治は愛すべきキャラクターなのだ。

「……わかった。だったら、インナーはオリジナルで作った方が良さそうだ。例えば、重ねた襦袢の色を赤の差し色にしたらどうだろうか？　そうすると……」

僕の意図を汲み取ってくれた渡辺さんからもアイデアがどんどん出てくる。

パリのホテルのロビーで、僕たちは日本の魂を表現する映画のキャラクター衣装の話で盛り上がった。


こうして出来上がった源治は、「HiGH&LOW」シリーズの中でも特異な存在となり、反響も大きかった。

「不死身のターミネーター」という呼び名もつけられ、奮い立った僕は、続く映画四作目「HiGH&LOW THE MOVIE3 / FINAL MISSION」のアクションシーンでは、ダンスパフォーマンスで表現するような動きも取り入れ、あまり人間らしくないアクションを誇張したりもした。

キャラクターがこうして育っていくのだと実感する過程だった。


激しいアクションシーンが特徴的な今作では、源治はその一端を担った。

走行中の車の屋根に跨《また》がり、別の車に飛び移ったり、車両ごと川に落ちていったりとさまざまなアクションを経験させてもらった。

戦闘シーンは刀を用いたアクションが主だったので、通っていた杉良太郎さんの演劇塾で習ったことが大いに役に立った。

興味深かったのは、映画を観た文藝春秋の担当編集者から「地面に刀を引きずり、火花を散らすシーンが、映画「ブラック・レイン」での松田優作さんのシーンを彷彿《ほうふつ》とさせ、印象深かった」という感想を受け取ったことだ。

この二年後に「ブラック・レイン」で監督を務めたリドリー・スコットが製作総指揮を務めた映画に出演したのも、何かの縁だろうか。人生は面白い。

自らの活動や人生観をエンタテインメントに融合し、自分自身が「オリジナルの存在」となっていくこと。これは、日本や海外など場所に関係なく、大切なことであると感じる。

今、オンラインを通じ、世界中に活動の場があるが、だからこそ個人として存在感を発揮しないことには人々の記憶に残ることはない。そんな中、新型コロナウイルスがもたらした状況に影響され、僕自身も考え方がシンプルになってきた。

「オリジナルの存在」としてのあるべき姿に関して思うこと。

僕たちは日本人であり、日本の文化を享受してきた。

そんな中、これまでは、日本という国に生まれたルーツを活かし、世界に誇っていけばいいと思ってきた。

しかし、それだけでは世界に受け入れられない。何よりもその文化の真価を発揮できない。咀嚼《そしやく》し、他の人には作れないオリジナルの形で展開しなければならない。その方向性（ディレクション）こそが、自分の個性であり、自分自身を形成し、個人として「オリジナルの存在」になっていくことだと感じている。「オリジナルの存在になる」ということを強く意識した出来事がある。

2019年12月、「GQ JAPAN」が企画した、岡山城の前で行われたファッションショー「The〝O.SHIRO〟Collection」で、殺陣とダンスを掛け合わせた「刀パフォーマンス」を舞った。

新たなダンスやアクションのジャンルを感じさせる発見があり、今後、自分の中でも探求していきたいものになった。自分らしい着眼点を持ち、新たに価値を生み出すこと。そこにオリジナルの存在になるというヒントがある気がした。

活動や人生観をエンタテインメントに融合することは、大切である。ただ自らを切り売りするのではなく、積み重ねた時間と経験を価値あるものに変え、人々に提供するということが重要である。

そしてもう一つ。とても重要なことであり、僕自身、人からアドバイスを受け気づいたことで、これまで見過ごしてきたことを伝えたい。

昨今の社会状況において、僕自身、お金への考え方が大きく変わった。夢を叶えるにしても、生きていくのにも、お金は必要だ。その上で、ようやく僕らは何を残せるのかと考えられる。労働や技術から生まれるサービスの対価を正しく受け取ることはとても大切だ。

同時に、自分が持つ時間もお金と同じなのだ。

お金を払ってお金を稼いでいることを忘れてはいけない。

その上で、企画と金額に応じて提供するものを、選択していくのだ。

また、自らを消耗する場合、それを続ける必要があるのかどうか、一度立ち止まって考えて欲しい。

考えるべきことはシンプルだ。

「何を以て自分でありうるのか」

「自分のどんなところが価値を生むことができるのか」

という二つである。

僕たちは、いつも「次」に向かっているのだ。

三場　作品を発表する意味　映画「箱の中」

「何を選び」「何のために」「どう生きていくか」


映画「箱の中」という作品に込められた思いが綴られた文章から引用した。

２０２０年に配信された「箱の中」は、僕が初主演した長編映画である。

新型コロナウイルスの影響でこれまでの当たり前が当たり前ではなくなった世界において、大切なメッセージを届けてくれる作品だ。


物語のあらすじは以下の通りだ。

都内のＩＴ企業に勤める35歳、ごく普通の暮らしをしていた瀬戸譲二は、ある日、目を覚ますと、コンクリート状の箱の中にいた。いったい誰が、何のために譲二をここに入れたのか。極限状況の中で、譲二は何を思うのか……。

主人公・瀬戸譲二がコンクリート状の箱の中に閉じ込められた状況から始まるミステリー・サスペンス。僕の公式Ｉｎｓｔａｇｒａｍでは、一話一分で構成された

Ｉｎｓｔａｇｒａｍ版が全51話、無料で限定配信されている。
「箱の中」が生まれたのは、やはりステイホーム期間だった。

２０２０年、未だ続く新型コロナウイルスの脅威が世界を襲った年。
ある日突然、日常が非日常に閉じ込められた。僕は「家の中」という「箱の中」に閉じ込められ、世界から隔絶されたような気がした。この状況がいつ終わるかは誰も読めない。収束するかどうかもわからない。安全のために必要だとわかっていても、突然、家から一歩も出ない生活が続き、精神的に参ってしまった人も多いだろう。僕もその一人だった。

誰もが経験したそんな思いから企画が始まった。脚本の素案はステイホーム期間当初から動き出し、刻々と変化する世の中の状況を取り入れながら調整を繰り返していった。そんな中、４月には緊急事態宣言が発令され、自粛生活はさらに続いた。

「ステイホーム」という言葉が世の中に浸透した頃、緊張しきった心を癒してくれるものが必要とされていた。その期間が長引くにつれ、気分を変えてくれる映画や音楽といったエンタテインメントの力が再認識されたり、ＳＮＳが活発になった。現実世界での接触機会が制限されている分、それぞれの状況を共有したり共感することが増え、「#うちで過ごそう」といったハッシュタグがあふれるようになり、だんだんと盛り上がりを見せてきた。YouTubeにも多くの人が参入した。

また、オンラインショッピングなどのサービス特性が感染対策と合致し、利用者が激増していった。この期間に、ネットの便利さが多くの人に受け入れられた。

同時に、これまでもたびたび取り上げられていたSNSに潜む危険性は、なくなったわけではなかった。SNSで知り合った見知らぬ者同士が結託し犯罪が行われたり、犯人だとSNSで拡散された写真が人違いだったりと、SNSの匿名性が持つ暗い側面が取り沙汰されもした。

「箱の中」には、そのような新型コロナウイルスで直面した日常の閉塞感やSNSの問題提起などがテーマとして込められていた。

作品への想いを綴った文章には次のような一節がある。


「なんの前触れもなく訪れた、人と自由に会えない時代。情報が交錯するネット社会や、家という〝箱の中〟に閉じ込められたような怖さや不安を感じたり、反対に、人との繫がりの大切さに気づいた人も多いと思う。

映画『箱の中』は、日常の世界から非日常の世界に閉じ込められた時、〝何を選び　何

のために　どう生きていくか〟を譲二と共に考えて欲しいという想いが込められた作品だ」

コロナ禍で混乱が続く中での制作だったが、今でしか反映させることのできない空気感のようなものが、しっかりと表現されている。

僕自身もこの映画に参加することで新たな発見があった。

初めての父親役を演じるうちに人生に対する考え方に変化が生まれたのだ。

極限状況に陥る物語を通じ家族を大切にしたり、大切な人を守るとはどういうことなのかを改めて考えた。

一番近い他人である配偶者。血を分けた子ども。家族とはどんな存在であるのか。何よりも優先する存在とは何なのかを何度も自分に問いかけた。

そうして、自分に置き換えて考えていると、父や母、兄との連絡が増えていった。シンプルだけど、見失いやすいもの。

周りの人を大切にしたい。

この状況だからこそ、漠然とした概念ではなく具体的な方法で考える自分がいた。

再三再四、触れているが、特殊だと感じている現在の環境は、実は以前からあったさまざまな制約が、新型コロナウイルスがもたらした状況によって浮き彫りになったことであると感じている。僕らの世界では、生きている限り時間は有限であり、二度と同じ時間は戻らない。そんなことはこれまで、僕はずっと見ないふりをしていたのだが、この新型コロナウイルスの出現により、向き合わざるを得なくなった。

映画の中で、僕が演じた主人公・譲二がこんなことを言う。

「わかったんだ、俺が普段から、どれほど周りの人を大切にしてこなかったかを、どれほどいい加減だったかを……。人生をやり直したいんだ、もう一度。頼むよ……いや、お願いです」

物語の重要なシーンでの独白だが（ぜひ本編を観てほしい）、このセリフは、コロナ以前と以後では、自分の中で印象が全く異なる。

「人を大切にするとは、一体どういうことなのだろうか」

先の譲二のセリフを読んだ時に、最初に浮かんだ疑問だった。なぜなら、新型コロナウイルスの影響で、自粛生活を余儀なくされ、アーティストとしての活動の場所を一切奪われて、自らを振り返るうちに見えてきた感情とリンクしていたからである。

「何もできることがない」

この時期に生まれた感情は、言葉には表せないものだった。

周りを見渡しても、そこには草木も、寄りかかれそうな手すりも、何もない。そんな感覚に陥ったとき、初めて僕は過去の行いを振り返り、後悔をした。

「どれほど周りの人を、訪れた機会を、取り返しのつかない流れゆく時間を大切にしてこなかったのか。どれほど自分はいい加減だったのか」

甘えと弱さとひねくれの全てがないまぜになった結果が、今の自分だと気づいた。

その感覚は、今回演じた讓二の状況とも重なっていた。だからこそ、このセリフが自分にとってつらかったのだ。

そのことに気づいた瞬間、この讓二というキャラクターは僕にとって特別な存在になった。

「箱の中」の撮影は、大きな正念場だった。

撮り終えた瞬間、これまでに感じたことのない達成感と同時に新しい自分になったような感覚と少しの不安と希望を感じた。自分にとっての大きな転機を迎えたと思った。この作品に参加する選択をしたことで可能性を広げることができた。

讓二を演じることで、2020年に向き合ったものを振り返り、感じたことを自分なりに昇華させていったような気がする。コロナ禍で浮き彫りになったこれまでの失敗や後悔と、行動の自粛という状況がもたらした発見。それは、劇中で箱の中に閉じ込められ食料も尽きた極限状態にある讓二が感じた、家族への想いと同じだった。

この作品は、まさにコロナ禍を生きる僕たちを描いた話であり、僕らが感じたこと、特に心の奥底にある自身では明確な答えを導き出せていないものを代弁している。そう気がついた時、脚本のすばらしさや映画だからこその方法論、そして、エンタテインメントの意義というものを肌で感じた。

脚本家とのディスカッションやスタッフとのコミュニケーションに多くの時間を費やしたその過程で話したいくつかのことが、脚本にも反映され、シーン一つ一つへの思い入れはよりいっそう強くなった。そんな経緯もあり、これまで以上に映画制作に対して興味を持つようになった。

これが、前場で述べた「自分の人生をエンタテインメントに融合させる」ということなのかもしれない。

人は何かを伝える力を持って生きている。

エンタテインメントは、特にその力を発揮すべき分野なのだろう。僕自身、エンタテインメントの世界に深く関わり、さまざまな瞬間を見てきたからこそ思う。

いつか制作段階から携わり、世の中をポジティブにできるような映画を作ってみたいと思っている。これまで生きてきた中での発見や、人生そのものの意味を、作品に込め後世に残していくことや、今この瞬間に社会に必要なものを、世の中に届けることをしていきたい。これこそがエンタテインメントの醍醐味《だいごみ》であり、世の中に作品を発表する意味なのだろう。

四場　ステイホームがもたらしたもの

新型コロナウイルスがもたらした状況は、僕たちに「選択」をさせた。当たり前だったものが当たり前ではなくなり、何かを強いられる日々が続く。しかし、元々僕たちは、何かを強いられ、急《せ》かされ、限りある中で生きていたはずだ。以前の世界では僕らはそのことに気づかずに、また、気づいていたとしても目をつむり、すべきことを後回しにしたり、触れないでいることができた。

このコロナ禍での環境は見えなかったものを強制的に視覚化させられたような感覚だった。そうでもしないと、自分は気づけなかったところもある。これまで身につけた方法論に縛られ、例えるなら坂道を転がり続けていると気がついた日から、止まる方法がずっと見つからなかった。

「何を選び」「何のために」「どう生きていくか」

前述したが、これは、自分が出演した「箱の中」という作品から引用した言葉だ。

僕は、その言葉をずっと忘れていた。

自分にとって大切なものは何なのか。

もっと簡単に言えば、自分が好きなものは何なのか。

そういったことにすら、目を向けられていなかったんだと気がついた。

まず、「自分」があり、次に「他人」がいる。それを結ぶ「出来事」があり、それが重なる「時間」がある。限られた世界の中で、何を選び、何のために、どう生きていくのか。

ただ、それだけであるはずだ。


今という瞬間は、これまで積み重ねてきた時間の結果であり、自分の行動が全て、現在の環境を作っている。目の前に見える景色、他人との関係、可能性――こうなっているものは全て、あの時の選択が、行動が、僕の決断が、原因だった。


2020年は、ものすごく大切な一年となった。自分を見つめ直し、これまでどんなことをやってきたのかを理解し直していった日々だった。

元々、自分は、そこまで後悔を持つ人ではなかった。

「起きてしまったことはしょうがない。そのことにも何か、意味があったのではないだろうか」

と、意味を求めた。

起きたことを悔やむのではなく、その出来事をプラスに変え、次につないでいくんだ、とおまじないのように繰り返しては、前向きに捉えよう、捉えようとしていた。

泣き言も、あまり好きじゃなかった。ネガティブな言葉は、別のネガティブなことを連れてくると思っており、余計な言葉は口から出さないように、グッと堪《こら》えることを常としていた。時間が経てば解決することを知っていたから、それまでは別のことで気を紛らし、できるだけポジティブになるよう、お酒を飲んだり、好きなことをして気分転換をしていた。

この十年以上、ＬＤＨでアーティストとして活動していく中、楽しいことも、辛いことも、信じられないようなことも、夢のような出来事も、たくさんあった。

何者かになるために、たくさんの努力と経験をし、成功したり、頑張ってもどうにもならないことがあって、失敗をしたり。自分の性格が変わるほど、一つのものにのめり込んだ。「大人になった」と言い換えることができるのかもしれない。夢中になって、駆け抜けた日々だった。自分なりに、自負も生まれ、責任や自覚という言葉の意味を何度も心に問い続けながら、「自分らしさ」と「求められるもの」を見比べながら、正解を探し続けた時間だった。

しかし、それは間違いだった。悔しいけれど、間違いだったと2020年に思った。

僕は、悲しい時に「悲しい」と口に出してこなかった。

悔しい時に、誰かの胸で泣きじゃくったこともなかった。

嬉しさを、素直に誰かと分かち合うことも、どこかで避けてきたような気がする。

どうにもならないことに、「いやだ、絶対にいやだ」とはっきりと態度に出すなんて想像すらしたことがなかったし、そんなことはできなかった。

「もう戻ってこないはずの瞬間」を無駄にしたり、過ぎ去った時間を後悔することが、精神的にも、肉体的にも辛いのだと知った。これが、僕にとって一番辛いことなんじゃないかと、この一年で気がついた。そして、この十年は、もう二度と戻ってこないものだった。

それに気がついた時、愕然《がくぜん》とした。


本当の僕は、どこに行ってしまっていたのか。文字通り、自分を見失ってしまっていた。

新型コロナウイルスがもたらした自粛期間は、そんな自分と向き合わざるを得ない時間になった。

誰のために、何のために僕は、それほどまでに感情を押し殺してきたのだろう。誰かが作ったルールを盲目的に信じ込んできたのは、何を守るためだろう。

一番大切にしてあげなければいけない自分を蔑《ないがし》ろにして、いや、むしろ痛めつけて、僕はどこへ行きたかったんだろう。完全に、目的地を見失ってしまっていた。

誰かを大切にしたくてもできなかった。自分が良いと思ってしていることが、誰かにとって不快になっていることにすら、気づいていなかった。

そして僕は、人を無意識に蔑《さげす》んでいた。自身の足りなさを、誰かを否定することで解消しようとしていたのだ。

活動の場も失い、僕の中の裸の王様は完全に露呈された。

すべきことも、できることも、何一つなかった。グループに依存し、組織に頼りきり、個人では、何も持ってはいなかった。

自分の無力さを認識するまでが辛かった。自分の行動によってどんな影響を与えてしまうのかを理解することができず、ただただ、うまくいかない日々を見つめ続けた。

精神的にかなり辛い作業で、その影響は、ついに肉体に訪れた。

ある日、涙が止まらなくなってしまい、何時間も泣き続けた。ひとり、ベランダで、寒さも気にならず、立ち上がることもできず、ただただ悲しかった。

そうして、ようやくひとつの結論に行きついた。

「僕は、この十年間を無駄にしてきた」

その事実に気づいたとき、身体中の力が抜け、ヒヤリとしたものが首から背中にかけて抜けていった。自分の自信の源であったもの、生きてきた証《あかし》のようなものが、実は全て、間違っていたとしたら……。

その事実は、抱えきれるものではなく、涙どころか、気力を失ってしまった。生きている意味が分からなくなり、明日を迎える意味が分からなくなった。すべてのものにモチベーションが湧いてこず、生きる気力ですら、使い切ったように感じてしまった。

全身、脱力してしまった僕は、その場で体を丸めてじっとしていた。

夜になるとまだ肌寒い空気の中、風が通り抜ける。うずくまった僕は、薄く目を開け、自分の存在がそこにあるかどうかを確認した。指をゆっくりと動かし、所在なげに手のひらを見つめる。すると、ぼんやりとした考えが浮かんできた。

「ただ一つのことに集中してみよう」

そして、

「大切にしたい人を大切にする」

世界を救うわけでも、過去を引き継ぎ、未来に繋ぐわけでもない。

ただ自分が大切だと思うことを、丁寧に、全力ですればいいのだ。

その時は、先のことが全く考えられなかった。ただ日々、一日を精一杯、生きることから始めた。


そうしていくと、自然と活動のペースが落ちた。この期間の前に比べると、あまりに多くのことができなかった。数ある可能性だって取りこぼしているかもしれない。しかし、本来の僕にできる量がそれだけだった。一日にできることといったら、せいぜい二〜三個。流れ作業にならないように、気持ちを込めて取り組む。また、以前の自分のようなやり方にならないよう常にチェックし、自らを批判の目で見つめながら。少しだけ、でも丁寧に取り組んでいった。

これまで作り上げてしまった自分を壊すところからはじめ、まっさらに近いキャンバスまで戻った後、本当になりたい自分を描きなおしていった。

焦らずゆっくり丁寧に心を込めて一本一本大切に線をひいているかのようだった。薄く、か弱い細い線。でも、今までとは確実に違う線。

失敗もするけれど、「決して諦めないこと」「投げ出さないこと」だけを自分のルールにした。

自分から投げ出すことは、もうしない。

僕は、このことを投げ出すことは、何を意味するかわかっていたから。生きることを諦めてしまうことだ。それを唯一避けるための蜘蛛の糸を、自ら手放すことだけは、いやだった。

そして気づいた。

「いやだ」ということを、初めて「いやだ」のままで貫いている自分がいた。誰かにとってはマイナスの行動かもしれないが、僕には、「いやだ」を止めることのできる理由なんて一つも存在しなかった。「いやだ」という気持ちだけを頼りに、自分と、自分の目の前のことに集中していった。

一つ一つに丁寧に取り組んでいくと、自然と身の回りに集中していった。

また、今まで興味を持っていたが手を出していなかったものや、バケット・リスト（死ぬまでにしたいことをリストにしたもの）を思い出すことがあった。新しいことへの挑戦をしてみたくなったのだ。

これまでの自分とは大きく変化したものを楽しめるようになった。

新しいファッションに挑戦したり、長年やってみたかったチャレンジをやってみると意外に拍子抜けするような出来事もあった。

「なんで今までやってこなかったんだろう」

と素直に思え、知らない間にできていた障壁は、自分が生み出した壁だったのかもしれないと思った。

今は、新たな自分に出会えることをとても楽しんでいるし、そこから生まれる可能性に胸を躍らせている。

「全てが間違いだった」

そう感じた日々があったからこそこうして今、たくさんの新たな自分の可能性に出会えた。そう思うと、あの時間も僕にとって必要な時間だったと思える。そう選択することで、あの時の思いを昇華することができた。

五場　夢が叶う場所　〝Naoki's Dream Village〟

2020年11月、小林直己オフィシャルYouTubeチャンネルを開設した。
その名も「Naoki's Dream Village」。
この名前には、僕の願いが込められている。
さまざまな夢を叶える「場所」。
多くの人が集まる、美しく、どこか懐かしい、いつか夢で見たような景観。
それが「Naoki's Dream Village」である。

なぜ僕はYouTubeチャンネルを開設したのか。「LIVE×ONLINE」といったオンラインでの活動の広がりや、Instagramで主演した映画を配信するなどの活動を経て、オンラインの可能性を強く感じていた僕は、国内外の活動へのアプローチとして、YouTubeにも表現の場所を求めることにしたからだ。

Naoki's Dream Villageのルールは一つ。

「世界中の人が楽しめるもの」だ。

日本語ではなく、英語を使い、何気ない毎日を配信していくことから始めた。ステイホームでの日常を映し出したり、何か作品を作ったりする様子を伝えた。自分にとっては実験的な試みで、ステイホーム期間を経て価値観が一変した新たな僕を、知ってもらうための有効な場所になった。


人は、絶えず変わり続けている。

僕自身、かつては普遍的なものが好きだった。

だが、いくら普遍性が好きだからと言っても、変化が止まることはない。花は咲き、枯れていく。髪の毛は伸び、汗をかく。生きている限りは僕らの肉体は変化を続けている。存在する全てのものが変化していくなかで僕たちの精神や内面がそのままでいられるわけではない。

一年前の自分と今の自分は違う。一日前にも、実は一秒前にも、必ず変化は訪れている。ステイホーム期間を経て、僕は変化を恐れずに楽しんでいく自分でいたいと思うようになった。

もしかすると、そこがステイホーム期間で得た一番大きな変化かもしれない。

変わっていくことを受け入れ、時に新たな分野に飛び込み、それが正解か不正解かを求めるのではなく、楽しんでいられるかどうか。僕の中で物事の基準が大きく変わったし、それによって肩に力が入っていた頃よりも、随分と楽に生きられるようになった。

その頃、周囲からのイメージが以前のまま固定化され過ぎていて、今の自分とかけ離れていると感じていた。そういった仕事のオファーや、周囲からの同じような反応や評価が続いたため、自分としてもこれまでとはイメージを変えていきたいと思った。

見た目を変え、ファッションを楽しむ。

困難なことや未知の世界にチャレンジしたり、新しい人にも出逢う。そうした自分を活動にも反映することで、より可能性が広がっていくのではないだろうか。

こうした思いから、ダイレクトにタイムラグなく表現できる実験的な場所として、ＹｏｕＴｕｂｅチャンネルを始めたのだ。


ＹｏｕＴｕｂｅでの活動の中で、あることに気がついた。自分が原点に立ち返っているという感覚。それに気づいたのはつい先日のことだった。

「月刊ＥＸＩＬＥ」というＬＤＨ Ｐｕｂｌｉｓｈｉｎｇ（ＬＤＨグループの一社・ＥＸＩＬＥは雑誌を発行している）が発行する雑誌の対談で、ＥＸＩＬＥのオリジナルメンバーであるＭＡＫＩＤＡＩから、こんな言葉をもらったのだ。

「直己のことで印象に残っているのは、加入当時、リハーサルでの無邪気な姿だ」

――そうだ、僕は無邪気だったっけ。

年上ばかりのＥＸＩＬＥに入った僕は、とにかく多くの〝兄たち〟に甘えていた。経験も少なく好奇心だけが旺盛なあの頃の自分が発した空気を読まない言葉や、感情に任せた愚痴ですら、〝兄たち〟には聞いてもらえた。その環境に良い意味で甘え、頼っていた。もしかしたら、年上に甘えることは、ＥＸＩＬＥ時代に始まったものじゃないかもしれない。ダンサー時代も、学生時代も年上と一緒にいることが多かった。興味の赴《おもむ》くまま情熱を傾け、自らをさらけ出し、人と向き合っていった。それが本来の自分の一部でもあった。ＭＡＫＩＤＡＩの言葉で、昔の自分を思い出すことができた。

ありのままの自分を認めることは難しい。

今こうしてかつての自分を懐かしむことができるのも、外部の状況や変化に合わせて自分を変えてきたからだろう。その変化にも意味があったのだ。必要な変化を繰り返し、その上でたどり着いた今がある。

一見安定しているような気がする今。

しかし僕は本来の自分自身の無邪気さを忘れていた。自分の声が聞こえなくなっていた。それを、また、取り戻し始めている――。

そんなことを思った時に、脳裏に浮かんできたのは、あるスピーチだった。

2018年9月24日、ユニセフのグローバル・サポーターであるBTS（防弾少年団）が、ニューヨークの国連本部で世界中の若者たちに向けて「自分自身を語ろう」とメッセージを送った。リーダーのRM（キム・ナムジュン）さんのスピーチの3分44秒からのところを紹介したい。

〝Maybe I made a mistake yesterday, but yesterday's me is still me. I am who I am today, with all my faults. Tomorrow I might be a tiny bit wiser, and that's me, too. These faults and mistakes are what I am, making up the brightest stars in the constellation of my life. I have come to love myself for who I was, who I am, and who I hope to become.〟

（昨日、僕はミスをしたかもしれません。でも、過去の僕も僕には変わりありません。今の僕は、過去のすべての失敗やミスと共にあります。明日の僕が少しだけ賢くなったとしても、それも僕自身なのです。失敗やミスは僕自身であり、人生という星座を形作る最も輝く星たちな

のです。僕は、今の自分も、過去の自分も、将来なりたい自分も、すべて愛せるようになりました）

２０１７年11月、ＢＴＳはユニセフと共に「ＬＯＶＥ ＭＹＳＥＬＦ（私自身をまず愛そう）」というキャンペーンを始めた。彼らには「本当の愛は自分自身を愛することから始まる」という信念があるという。

そして、ＲＭさんは語り続ける。

〝Tell me your story. I want to hear your voice, and I want to hear your conviction. No matter who you are, where you're from, your skin colour, gender identity: speak yourself. Find your name, find your voice by speaking yourself.〟

（あなたのストーリーを聞かせてください。あなたの声を聞きたい。あなたの信念を聞きたい。あなたが誰なのか、どこから来たのか、肌の色やジェンダー意識は関係ありません。ただ、あなたのことを話してください。話すことで、自分の名前と声を見つけてください）

自分を愛すること。心の声をちゃんと聞くこと。胸の内を人に話すこと。

それは、大人になればなるほど簡単ではなくなっていくように思う。

ＲＭさんのスピーチはそんな僕の思考の隙間にスッと入ってきた。

当時、このキャンペーンのことや、ＢＴＳのことは詳しくは知らなかった。しかし、彼らの考え方は、ここ数年自分が抱いていた気持ちと同じだったのだ。「何かを語ることも、何かの意思を固めることも、自分を愛し、認めることから始まるんだ」と。

自分を愛し、認めること。それは自分一人の力では辛く困難なのかもしれない。

実際に僕も、日々の仕事や生活に忙殺され、自分を信じるための勇気や体力はもう残っていなかった。周りに吹き荒れる突風に対応するだけで精一杯で、自らを見つめる時間や余裕もなかった。その方法もわからなくなっていた。

しかし、新型コロナウイルスの影響でさまざまなものの動きが止まり、強制的に作られた時間と環境の下、自分と向き合う時間を作ることができた。

自らと向き合うことはとても辛いことだったが、そのおかげで自分を愛する方法が少しだけわかったし、今までに感じたことのない前向きな気持ちや、ありのままの自分でい続けることの心地良さのようなものを感じることができた。

すると、他人に対する見方や仕事に対する考え方も大きく変わった。

人はひとりで生きていくことはできないこと。

自分の仕事や夢や生活は周りの人と形作っていること。ギブ・アンド・テイクの上に全てが成り立っているということ。

その上で、自分の意思と選択が人生を動かしていくということ。

それはすなわち本当の意味で周りの人を大切にするということではないだろうか。

まさにBTSが提唱する「LOVE MYSELF」と繋がっていると感じている(偶然にも、このステイホーム期間に一番と言ってもいいくらい聴いた曲は、BTSの「Dynamite」である)。

いつか、このスピーチをしたRMさんと会って話してみたい。


僕の名前は、小林直己。

EXILEと三代目 J SOUL BROTHERSのメンバーです。

多くの失敗と後悔をしてきましたが、ようやく自分と向き合え、また、自分を愛せるようになってきています。

そして、今、毎日を楽しんで生きています。

あなたの名前は何ですか?

僕には、まだまだ夢がたくさんあります。

もっと海外の作品に出演したい。

ミュージカルでブロードウェーに立ちたい。

憧れの俳優と共演したい。

人生で叶えたいこともたくさんある。

ダイビングの免許を取りたい。

富士山に登りたい。

イタリアに行きたい。

カナダに住みたい。

家族を作りたい。

格好いいおじいちゃんになりたい。


そういうことを素直に言えるようになった自分を好きになったし、一人で歩むのではなく、誰かの夢と一緒に自分の夢を叶えていきたいと願っている。

そう、僕は今、活動を通じて誰かと幸せを共有したい。

誰かの活力になったり、少しでもこの社会が明るくなっていけば良いと思っている。

大それた願いかもしれないけど、いつか自分がこの世界からいなくなった後に生きている誰かが、少しでも住みやすい環境になっていることを願っている。

そのために僕は、これまでにしたことのない新たなものへの挑戦が大切だと考えている。

誰かが幸せになると僕も幸せになる。

そのために僕が挑戦できる場所。

一つ一つのことに取り組み、実現していける場所が「Naoki's Dream Village」なのだ。単なるYouTubeチャンネルにおさまらない。僕のライフワークとしてのコンテンツであると感じている。

ここで始めた「ダンスカバー」シリーズの「This Is Me」は、まさにそんな自分の心情とリンクした作品となった。

僕は僕以外の自分になることはできない。だからこそ、自分を信じ、歩んでいきたいと声をあげる。

〝I am brave, I am bruised
I am who I'm meant to be,
This is me.〟

〈私には勇気がある、傷だらけだけど、
私は自分の運命を受け入れているの

これが私よ）

僕が作った振り付けとともに、和訳がついたオリジナルのダンスカバー動画だ。
ぜひ、観てほしい。
これが、今の僕だ。

六場　組織の中で個人の夢を叶えるということ

組織の中で個人の夢を叶えるためには、どのようにすれば良いだろうか。

考えただけで大変なことばかり。

だが振り返ると、これまでの活動の中で、丁寧に物事を進めれば、叶った夢がいくつかあると気づいた。組織には目的があり、手順があり、優先順位があると思うが、時に、個人の夢と情熱が組織を引っ張っていることもあるのを見てきた。

多くの株主を抱える大企業や、社員全員が顔見知りのような少数精鋭の会社では、勝手が違うかもしれない。

しかし、僕の個人的体験を言えば、どんな形であれ集団生活の中にも自身の夢を具現化していく上での何らかのヒントがあるはずだし、他の人とシェアすることで、未だ挑戦したい夢を持つ自分が、これまでよりも一歩前に進む方法を見つけられると信じている。

初めに答えを述べておこう。

人は一人では生きていけない。

なので、一人では叶えられないことには、周りの力を借りながら挑戦する。力を借りていいのだ。

しかし、その分、相手にも何か有益なものを返さなければならない。いわゆる、「ギブ・アンド・テイク」の精神が重要だ。

そのためには、周りの人の気持ちを感じ、受け取り、そして巻き込んでいくのだ。すると、あなたの夢だったはずのプロジェクトは、携わった一人一人のプロジェクトになる。彼らは目を輝かせながら周りに発信していくようになるだろう。

組織の中で自らの夢を叶えるためには、周りの人にも「ともに夢に挑戦する」と考えてみる。そう捉えながら進めていくと、良い流れを生み出せるだろう。

それでは、僕が見て、聞いて、実際に体験し、時に失敗しながらも夢を実現した経験を、話してみようと思う。

その1　明確にする

一番明確にするべきことは、自分自身の意思である。

暇を持て余している人はそういない。誰かの夢を無償で叶えてあげようなんていう稀有《けう》な人はいない。そこに何か「得」があるからこそ、人は手を貸すのだ。

夢を叶えていく過程で、おそらくあなたの要望には必ずマイナスの言葉がかけられる。その言葉に気持ちが負けないためにも、曲げられないことや調整できること、譲れる部分を明確にしておくのだ。

LDHの仲間たちとは、酒席でコミュニケーションを取ることが多かった。ざっくばらんに何でも話せる一方で、同時に痛烈な批判もくらう。

しかし、そこで自分の意思が明確になることがあった。また、今ならわかることだが、酒の席でどれだけ真剣に話しても、実際に物事が動くのは昼間なのである。批判の言葉に対し、感情的になってしまうこともあったが、そうではなく、痛烈な批判はアドバイスと捉え、そのプロジェクトを鍛え上げてくれていると考えよう。結果に向けて冷静に物事を進めることが大事だと心得た時に気持ちが楽になった。

その2　準備をする

誰かを動かすにはその人の賛同が必要だが、自分は自らの意志で動ける。必要な能力を身につける準備をしよう。

これはエンタテインメントの世界に限ったことではない。資料制作や、コネクション作り、ツールである言語など。何かを動かしていくのなら、入念な準備をした方が良い。徹底的な準備をすることは、僕の場合は特に大切だった。

夢見がちな部分があるので、やりたいことを具体的な数字や締め切りに表していくことで、リアリティを持たせることができる。すると発言も自信に満ちてくる。

なぜそれが重要かというと、人とのコミュニケーションは常にプレゼンの場だからだ。態度や発した言葉の一つ一つがものすごく大事になってくる。

エンタテインメントの基本的な考え方と似ているが、受け取り手が何を求めていて、どう伝えてほしいかを理解することも大切だ。

想いが高まり、熱くなってつい余計なことをしゃべりすぎてしまう自分は、なかなか相手に伝わらなくて悩んだ時期があった。それを改善しようと試行錯誤を重ね、フィードバックをもらう中、自分の言いたいことを三割程度に収め、代わりに資料を用意することにした。すると、流れがスムーズになった。

必要なことだけを明確に伝える。自分の特徴を知ることも大切だ。

その３　コミュニケーションを取る

いくら夢を描いても、発信しなければ誰も知り得ない。

残念ながら、あなたのことを100パーセント理解している人はこの世にいないのだ。

伝えることから全てが始まっていくということに気づくまで、ずいぶん時間がかかった。

正しい人と、正しい形で共有する。

それを繰り返し、実際に承認を得るミーティングに出る前に、既成事実を積み重ねておく。するど、必ずこれまでと違う結果を運んできてくれるだろう。

自分の夢を誰かに語ってもらうことはとても重要だ。説得力が増すし、その人は、分身となってその夢を実現に向けて走らせてくれるからである。

普段の会話からプレゼンは始まっている。

僕が所属するグループはメンバーが多いので、一つのことを全員に同時に伝えることはなかなか難しい。

自分の考えを正しい「順番」で共有していくことが、情報伝達をうまく行うコツだ。

ちなみに、もう十年以上いるけれど、いまだ勉強中である。

その4　相手の夢を叶える

夢は一人では叶えられない。

そう断言しても良いくらい、仲間がいることは大きな力になる。

時に自分の分身となり、時にアイデアを提案してくれ、批判をし、そのアイデアを鍛えてくれる。また、安心感やモチベーションを与えてくれる。自分が悩んだときにも、打破するためのさまざまな機会を作ってくれるからだ。

そのために、まずは「このプロジェクトに参加したい」と思ってもらうことが肝要だ。

「このプロジェクトに参加することで、自分も夢に近づくかもしれない」

と思ってもらうのである。

「相手の夢を叶えることで、自分の夢が叶う」

大袈裟かもしれないが、これが僕がＬＤＨで学んだいくつかの重要なことの一つだ。

例えば、ＬＤＨに所属するアーティストは新人の頃から、一人一人がそれぞれの想いを尊重され、同時に、想いから生まれる夢に、挑戦することを求められてきた（第一幕参照）。

そのように、誰かが挑戦を頭ごなしに遮らないからこそ、ＨＩＲＯの夢、つまりＬＤＨの夢が詰まったプロジェクトに参加する時にもアグレッシブになれるのだ。

当時、三代目への兼任の話が出たときに、「三代目がＥＸＩＬＥの、ひいてはＬＤＨの力になるのならば」と思い、ＥＸＩＬＥと兼任という意味を多角的に捉えることができた。

その５　情熱を語る

情熱を語ることはＬＤＨの特徴だ。

もちろん、利益などに関しての数字面の分析など、基本的なことは欠かさないとして、その上で「このプロジェクトが僕の夢であり、同時にあなたの夢になる可能性がある」と情熱を持って語ることが大切なのだ。

相手に、夢への道を共に歩いてもらう。そのために、自分の想いを相手の夢に乗せ、語ることを恐れない。

そして、「この人についていきたい」と相手に感動を与えること。

一般的に、目に見えるもの、例えば数字が社会の尺度となっているが、逆に、目に見えないものが原動力になることは多々ある。

誰になんと言われようが止めることのできない想い。

そのために周りの人を巻き込んでいく力。

この人について行きたいと思わせることで人は動いていく。

海外との仕事は、僕にとって情熱のうちの一つだ。

僕の夢でもあり、どんな仕事でも、自分次第で夢に繋がっていく。ＬＤＨもその思いを知ってくれているからこそ、海外作品への出演や、モデルやファッション関係など、海外での活動に理解を示してくれている。

その6　結果を出す

情熱の大切さを説いてきたが、当然、結果を出すことも疎《おろそ》かにしてはいけない。仕事は企画と資金と人によって生まれてくるものであり、その成果は利益の有無によって判断され、次の機会に繋がるかが決まる。

利益を生むために、プロジェクトの内容や期間など、複合的な要素をまとめ上げ、それに応じた決定を下すのがプロジェクトを動かすということだと、ここ数年、身に染みて感じている。同時に、何を持って結果と言えるかを判断しなければならない。

数字か可能性か、組み立て方によって何が結果になり、そのためにどう順序を組み立てるかが肝になる時がある。

悩んだ時は、その中で何よりも夢を実現するため、「成立させる上で、どのように結果を出すか」という軸に立ち返ることを心がけている。

最近は、僕が企画を立てたプロジェクトが幾つか進行している。

プロジェクトの運営にまつわる、予算のやりくりや交渉などに関しては、周りのスタッフに、たくさん助けてもらっている。できるだけ早く還元していきたい。

その7　夢の形にこだわらない

夢というものは、いろんな形で叶っていく。

また、叶うタイミングも、本人も予期せぬものだったりする。

これは、ＬＤＨでの活動を通して出会った多くの人を見ていて気づいたことだ。もし、一つの夢ばかりを追って自分のことしか考えていなかったら気づけなかった。

僕たちは、社会の中で生きている以上、その社会に影響されながら生きている。

夢を叶えるには自分だけが頑張ればいいというものじゃない。状況と環境を味方につけることで、実現するパーセンテージは上がっていく。

だからこそ、夢が叶うタイミングも、その内容も流動的にすると良いのでないかと僕は思っている（ちなみに、これは「運」とか「偶然」の話とは、ちょっと違う）。

僕がおすすめしたいのは、自分が努力した先の、例えば残り10パーセントの、神様が操作するところに関しては、ある程度適当に考えておくと良いということ。

そこでこだわりすぎずに敢えて手放す。

そうすることで形になることだってある。

形を変えて叶った夢が、また新たな機会を連れてきてくれて、もともと描いていた夢が何十倍ものスケールになって叶うこともあるはずだ。

パフォーマーになる前の、高校生の頃の夢は、ギターを弾きながら歌うシンガーソングライターだった。自分で作った曲を自分の演奏で歌い、さまざまな会場でライブをするというのが夢だった。しかし、それはまだ叶っていない。

ただ十三年経って、ＬＤＨのアーティスト、パフォーマーになり、自分のメッセージを込めたライブツアーが開催され、武道館でギターも弾いた。別の形で夢が叶った。

新型コロナウイルスの影響で、夢の形を変えなければならない人もいるかもしれない。でも、諦めなくて良いと思っている。

形を変え、タイミングを考えながら、選択と決断をしていこう。

夢がくれる明日への活力は、他には変えられないものだから。

僕はこう思う。

夢は、いろんな形で叶うのである。自分が諦めなければ。

組織の中で個人の夢を叶えるためには、誰かの夢を同時に叶えながら、だんだんと自分の夢の成功率を上げていく。

夢は、諦めなければ、いつか何かしらの形で叶うと僕は信じている。

時間と手間をかけながら、時に大胆に進める。それとできるだけ「最短距離」で叶えることを念頭におきながら、長い視点で人と付き合っていくことが大切だ（人に嫌われていては良いことはない。うまくやろう）。

信じるべきことは、「個人の夢が、組織の夢を叶える力になる」ということだ。個人と組織の夢を掛け合わせていくことが大きなうねりを生み、その集団が活性化していくことは、紛れもない事実なのだから。

最近、パフォーマーの「第二の人生」のことをよく考える。

肉体を酷使する、という観点ではスポーツ選手と近いところがあるかもしれない。

いずれ訪れる肉体と精神のピークをどのように迎えるのか。

人生１００年時代に突入した今、ピーク後の人生の方が長いことを念頭に置かなければならない。この話は、よくＨＩＲＯからも話題にのぼるし、メンバーとも常に話し合っている。

メンバーとは、同じ環境下にあるので、「選択」と「タイミング」の話をよくする。

人生の過程をエンタテインメントに乗せていくグループであるＬＤＨのアーティストが、そのタイミングを迎えたときにどのような選択をするのか。そして、どんなメッセージを発するのか。

EXILE、三代目 J SOUL BROTHERSに所属する僕は、まさにその過渡期にいる。いかにパフォーマーとしてのキャリアを活かし、これまでエンタテインメントに込めてきた想いを、次はどういった形で伝えていくのか。

僕は、「今」がまさにそのタイミングだと思っている。コロナ禍でビジョンを一から作り直しているのだが、改めて時間は有限であり、肉体と精神にも限界があることを知った。そして「夢」がもたらす力は、人生の喜びとなり、日々のモチベーションになることを再確認した。自分のためにも、大切な誰かのためにも、はっきりと道を示すことが重要だ。

そのために、徐々に行動に移している。

新たなビジョンを実現するためには、新たな挑戦が必要である。YouTubeチャンネルもその一つ。次のステップに向けて、僕は今まさに、この幕で書いたことを行っているのだ（なので、この方法論をより鍛えてもらいたい。読者の皆さんのたくさんのフィードバックを楽しみにしている）。

ここからが始まりだ。
You haven't seen the last of me.

七場　世界へ、そして未来へ展開するＬＤＨ

僕が所属するＬＤＨは、アーティストマネジメントを中心として始まった会社だ。かつて、ＥＸＩＬＥのオリジナルメンバーが自分たちの目指すエンタテインメントを作り上げるために立ち上げた会社である。つまり、ＬＤＨ＝ＥＸＩＬＥとして始まった。しかし、その後、ＥＸＩＬＥ以外のアーティストも所属し、ライブ興行、音楽配信、アパレルなど関連するビジネスも増え、複合的にエンタテインメントを提供する企業に成長している。

２０２０年は「ＬＤＨ ＰＥＲＦＥＣＴ ＹＥＡＲ ２０２０」と題し、ＬＤＨ挙げての一年間をかけて行うスペシャルライブイヤーになるはずだった。ところが、コロナで、予定していた約３００もの公演は中止または延期に追い込まれてしまった。

損失を計上したのはＬＤＨだけではない。イベント運営元や会場、関連グッズ市場や会場周辺のビジネスが失われ、関わる人たちにどれほどの損失が発生したか計り知れない。未だ収束が見えない中、そもそもどれだけの損失が発生したか数字を正確に計算することすらできていない状況だろう。

仮にコロナが収束し、損失の規模が明確になれば、それに対する具体的な活動は見えてくる。ところが、収束が見えない限り、補塡に向けた活動内容をはっきりと示すことさえ困難になっているのだ。

コロナがＬＤＨに及ぼした影響は、経営面だけに限らなかった。ＬＤＨが持つフィロソフィー（哲学）を継承するプロセスにも波及した。

「ＬＤＨ ＰＥＲＦＥＣＴ ＹＥＡＲ ２０２０」で伝えたかったＥＸＩＬＥの想いや信念。三代目 Ｊ ＳＯＵＬ ＢＲＯＴＨＥＲＳの10周年記念興行。そのようなライブを通じて次の世代に受け継いでいくつもりだった。ところが、興行自体が実施されなかったため、こうしたＬＤＨ独自の継承ができなかった。

また、予定していた各アーティストのビジョンやスケジュールが、二〜三年後ろ倒しになった。加えて、ファンの方々との交流が激減してしまったことで、ＥＸＩＬＥや三代目Ｊ ＳＯＵＬ ＢＲＯＴＨＥＲＳ、Ｊr．ＥＸＩＬＥの活動する姿を目にすることもなくなり、応援してもらうこともできなかった。

そういった中、ＬＤＨは２０２１年の元旦に満を持して再始動した。ＥＸＩＬＥ ＴＲＩＢＥが一丸となり、「ＲＩＳＩＮＧ ＳＵＮ ＴＯ ＴＨＥ ＷＯＲＬＤ」

というスローガンを掲げ、LDHエンタテインメントの復活を宣言したのである。

このスローガンには、こんな想いが込められている。

社名の由来にもなった「Love, Dream, Happiness」というメッセージを掲げていたEXILEが、2011年、東日本大震災からの復興への願いを込めて「日本を元気に」というメッセージとともに発表した楽曲が「Rising Sun」である。その後の力強い東北の復興を見て、僕たちはその曲に込められた「陽はまたのぼってゆく」という、何があっても立ち上がる、人々の力を肌で感じ、信じることができた。

そして東日本大震災から約十年後にコロナショックという未曾有の危機が世界を襲った。

僕たちは、この状況からの復活を願い、「日本を元気に。そして、日本の元気で、世界を元気に」という想いとともに「RISING SUN TO THE WORLD」というテーマを掲げることにしたのだ。この言葉とともに、エンタテインメントだからこそできることがあるはずだと動き始めた。


2020年2月、当時の安倍政権が呼びかけた「大規模イベントの自粛要請」により、EXILEは開催日当日にライブを中止した。

「EXILE PERFECT LIVE 2001→2020」と題し、六年に一度の「PERFECT YEAR」に開催されるこのライブに、メンバーは並々ならぬ思いを抱いていた。しかし、新型コロナウイルス対策を政府が打ち出し、僕たちは想定し得なかった事態に直面した。

要請を受けたのは当日の昼。開場時間も迫る中、緊急会議が行われた。熟考の末、メンバーやスタッフ、来場する方の安全を最優先し、中止という決断を下した。

あの日から、約一年が経った。

２０２１年、ＥＸＩＬＥ ＴＲＩＢＥにとっての「復活の狼煙《のろし》」となったのが、「ＲＩＳＩＮＧ ＳＵＮ ＴＯ ＴＨＥ ＷＯＲＬＤ」というスローガンである。そこには、ＬＤＨに関わる全ての人の想いが込められている。

エンタテインメントを提供する上での感染リスクは、決して低いものではない。また、感染リスクを回避するためには、まとまった予算や人員が必要となる。しかし、本気でＬＤＨのメッセージを体現するには、しっかりとした準備を行った上で確かな行動をすることが必要だ。

興行には、関連する企業の社員やアルバイトを含め、延べ約十万人の雇用が生まれている。社の選択によっては十万人の生活に影響が及ぶ。企業としてその事実は重々承知した上で、恐れてばかりで引きこもっているのではなく、しっかり対策をとって動き始めた。

ＬＤＨ独自の新型コロナウイルス対策委員会を作り、前向きに取り組んだ。世の中や経済を動かし、社会に貢献したいという思いが根底にあった。

新型コロナウイルスは収束していない現在進行形の問題だ。

どのようなリスクがあるのか、どのような対策を取り活動に移すのか。徹底的に問題と向き合うことがＬＤＨの責任だと考え、リサーチを続けた。そして、その責任を果たした上で、具体的に行動することによって意思表示をするべきだと考えた。

その方法が、ライブだった。

その一例が、安全面の検証だ。

ＬＤＨは、ドームでの公演の指針として設定されていた、キャパシティの各基準に対する感染対策の実証実験を、経済産業省、読売新聞東京本社、読売巨人軍、東京ドーム、キョードー東京の協力のもと行った。

また、ファンの皆さんに向けた、「Ｓａｖｅ Ｙｏｕｒ Ｎｅｉｇｈｂｏｒ（セーブ・ユア・ネイバー：みんなで守りあおう）」という活動にも取り組んでいる。

ＬＤＨの想いに賛同し、応援してくれる人が、家に帰った後も、周囲の人に対し感染対策を実行するリーダーになってほしい。こうした意識の輪が広がれば、本当の意味で日本が安全になるのではないかと考えた。

ライブを観てくれた人が少しでもポジティブな気持ちになってくれたら。元気になって家に帰り、それを周りの人たちに伝えてくれたら。エンタテインメントだからこそできる社会貢献なのではないか。この想いを実現するために、行動が必要なのである——これらはLDHの想いであり、同時にHIROの想いなのではないかと僕は思っている。

そして、社会に貢献したいという想いに所属アーティストが触れたことで、LDHは一致団結した。それは、ファンの方にも伝わっていると信じている。僕自身も、さまざまな想いが入り乱れている中で選択し、行動していかなければならないと改めて感じている。

ウイルスの流行が収束していないこの時期での判断には、僕自身、正直驚いた部分もあった。しかし同時に、LDHが持つ「行動が伴わないと説得力がない」「トレーニングと一緒で、一年も二年も休むと、いざ動きたい時に動けない」「動くことで日々に緊張感を持つことができる」という考え方に対しては、同意できるものもあった。未来を見据え、前向きなマインドにいち早く切り替えたことで生まれてきた考えなのだろう。

事実、新型コロナウイルスの影響で自らの活動や意義に悩んでいた僕は、仕事がある（すべきことがある）ことでホッとしたところがあった。

どちらにせよ、今は「耐える時期」なのは間違いないのだが、動き出したからこそ予期せぬ発見もあった。またＬＤＨが、より進化していく上での気づきを得られた。
これまで、興行がメインの仕事だったＬＤＨは、不測の事態によりリアルのライブが制限されると、それに関連しているビジネス全てに大きな影響が出ることを身をもって体験した。しかし、こうした状況に陥ったからこそ、リアルと同じメッセージとスタイルを内包する、リアル以外のエンタテインメントがあったならどうだろう、という方向に意識が向いていった。

２０２０年、ＬＤＨの新たなオンラインライブ・エンタテインメント・ブランドとして誕生した「ＬＩＶＥ×ＯＮＬＩＮＥ」や、所属アーティストとオンラインで交流できる「ＣＬ」というサービス。
僕たちは、リアルとバーチャルを融合させることによって、リスクを回避しつつ未開拓だった領域にも踏み込むことができるとわかった。さらにオンラインでもっと手軽にグッズが買えたり、ＬＤＨの音楽を使ったゲームが生まれたりしたら、もっと楽しめるエンタテインメントを提供できるのではないかと、エンタテインメントの可能性を広げる視点が生まれたのだ。

「ピンチはチャンス」

ＬＤＨが過去に何度も壁にぶつかったときに、口癖のように言ってきた言葉だ。困難な局面においても、その精神のもと、ＬＤＨは新たなビジョンに向かって動き出している。

ここからは、そんなＬＤＨの新たな可能性に触れてみたい。

これまでリアルのエンタテインメント、つまり、同じ空間でアーティストのパフォーマンスに直接触れられるライブなどは引き続きＬＤＨの軸となる。それを前提とした上で、新型コロナウイルスの影響下で気づきを得た後に準備を加速させたものがある。現在、三つの新たな可能性が生まれている。

1．ＢＡＴＴＬＥ ＯＦ ＴＯＫＹＯ

リアルの興行と「対」になるバーチャル分野のプロジェクトである。4月18日に行われた記者会見で解禁となった。概要は次の通りである。

ＬＤＨが新たに創造する前代未聞の次世代総合エンタテインメント・プロジェクトである「ＢＡＴＴＬＥ ＯＦ ＴＯＫＹＯ」。エンタテインメントがテクノロジーによって進化する時代、アーティストを中心にリアルとバーチャルを横断・融合することで生まれる世界初の「Ｍｉｘｅｄ Ｒｅａｌｉｔｙ Ｅｎｔｅｒｔａｉｎｍｅｎｔ」として動き出す。

舞台となるのは架空の未来都市「超東京」。

Ｊｒ．ＥＸＩＬＥ世代のメンバー総勢38名が集結し、バーチャルキャラクターとなってバトルを繰り広げていく。最新テクノロジーにより、アニメ・ＡＲ／ＶＲ・ゲーム・音楽・ミュージックビデオ・ライブ・映画・デジタルグッズなど、あらゆるエンタテインメント体験を創造する。


２０１９年に、ＧＥＮＥＲＡＴＩＯＮＳ、ＴＨＥ ＲＡＭＰＡＧＥ、ＦＡＮＴＡＳＴＩＣＳ、ＢＡＬＬＩＳＴＩＫ ＢＯＹＺの４チームの総当たりコラボバトル「ＥＮＴＥＲ ＴＨＥ Ｊｒ．ＥＸＩＬＥ」で、６本のコラボバトルミュージックビデオ、コンピレーション・アルバム、幕張メッセでの四日間連続ライブなど、さまざまな展開で熱狂を生み出した。

壮大な構想のもと約二年にわたり準備を重ね、２０２１年、「ＢＡＴＴＬＥ ＯＦ ＴＯＫＹＯ」プロジェクトがついに始動する。

誰も見たことのない革新的な「ＴＯＫＹＯ‐ＰＯＰ ＣＵＬＴＵＲＥ」を。

ＴＯＫＹＯから世界へ。

「ＢＡＴＴＬＥ ＯＦ ＴＯＫＹＯ」は、アニメカルチャーだけに限らず、ファッション性やＣＧ・モーションキャプチャーなどのテクノロジーがミックスされた新たなエンタテインメント・プロジェクトである。

すでに、２０２１年４月にミュージックビデオが４本、キャラクターは38体全てが公開されている。その38体全てを、現在第一線で活躍している声優が担当するのである。僕から見ても刺激的なプロジェクトである。アーティストがアニメキャラとなり、バーチャル空間で縦横無尽に駆け回る姿を楽しむことができ、アニメを見て好きになったキャラクターが実写で存在する面白さを味わえる。これまでにない体験ができるものだ。

アーティストからしても、自身をもとにしたバーチャルキャラクターが存在するプラットフォームがあることで、時間や場所、スケジュールや、年齢や肉体のピーク期間を意識することなく、活躍し続けることができる。バーチャル空間のキャラは歳を取らないので、本人はその間にセカンドキャリアを組み立てることもできるのだ。

スタッフに話を聞くと、このプラットフォームは独立したものとして考えていくとのこと。ＬＤＨのメンバーはもちろん、それ以外のアーティストや俳優、また、ファンもいずれ、この世界に参加できるような構想を抱いている。とても楽しみなプロジェクトである。

2. キッズ・プロジェクト「ＫＩＤＳ Ｂ ＨＡＰＰＹ」

未来を担う存在である子どもたちに向けたエンタテインメントも徐々に動き出している。今年（2021年）、EXILEは20周年を迎えることができた。

そんな中、長年応援してくれていた方々が、家庭を築いたり、子どもが生まれたり、と環境が変わっていく時期になったという声が届いていた。そういった方々を含め、子どもや家族と一緒に楽しめるプロジェクトを作りたいと思ったのがきっかけだったようだ。

元々、LDHではさまざまなキッズ・プロジェクトが進行していた。

LDHのスクール、EXPG STUDIOではキッズクラスが開講当初からあり、ライブやミュージックビデオでメンバーと共演を繰り広げている。

また、ÜSA、TETSUYA、GENERATIONS小森隼が講師を務める、子ども向けダンス番組、NHKEテレの「Eダンスアカデミー」があり、テレビ東京系のドラマ「ガールズ×戦士シリーズ」の出演者で構成されるGirls²（ガールズガールズ）は、メンバー全員がEXPG STUDIO出身である。

そのほかにも、LDHのCSR（企業の社会的責任）活動として、夢の大切さを伝え、未来を担う子どもたちをサポートする「Dreams For Children 子どもたちに、夢を。」というものがある。

また、クリエイティブ・ディレクターの佐藤可士和氏とHIROによる「STOP

ＦＯＲ ＮＯＴＨＩＮＧ」というプロジェクトも発表された。こちらは、世界に羽ばたく才能ある子どもたちを応援しようという内容だ。アンバサダーとしてＦＡＮＴＡＳＴＩＣＳが就任した。こういった活動にはＬＤＨアーティストも各方面で関わっている。

僕自身もそういった想いに賛同し、ＬＤＨ ＪＡＰＡＮのオフィシャルＹｏｕＴｕｂｅチャンネルで、運動会や学校の授業で活用できるダンス動画を配信している。これからの活動の中でも大切にしていきたい分野だ。

これまで取り組んできたキッズに関連した活動はこれに限ったものではなく、ほかにも同時にいくつも動いている。そういった中でＬＤＨが培った想いと経験が、新たに総合的なキッズ・プロジェクトに集約され、これから動き出していくという。子どもと親が一緒に楽しめるようなファミリー・エンタテインメントや作品が作られていくことが予想される。ぜひ、発表を楽しみに待っていてほしい。

3. グローバル・プロジェクト

２０１７年にＬＤＨは、ＬＤＨ ＪＡＰＡＮを中心に、ＬＤＨ ＵＳＡ、ＬＤＨ ＡＳＩＡ、ＬＤＨ ＥＵＲＯＰＥの四つの世界拠点と連携してグローバルに活動していくことを発表した。そして2021年現在、「BATTLE OF TOKYO」や「キッズ・プロジェクト」を含め、音楽をはじめとするLDHエンタテインメントとTOKYOのカルチャーを発信するべく、社内でも動きが活発化する中、新たに始動するグローバル・プロジェクトが発表された。発表されたニュース（2021年2月16日　PR TIMES記事より）より抜粋する。

グローバルエンタテインメント企業の株式会社LDH JAPANと、韓国の文化コンテンツ専門投資ベンチャーキャピタルのTGCKパートナーズが手を組み、コンテンツ専門の新会社「HIAN（ハイアン）」を設立した。
「HIAN」の今後の具体的な取り組みとしては、韓国で680万人以上を動員した大ヒット映画「犯罪都市」（2017年　原題：The Outlaws）の続編で現在韓国にて制作中（2022年日韓同時公開予定）の「犯罪都市2」（原題：The Roundup）の配給を行うことが既に決定。さらに映画「犯罪都市」の主演俳優でありMARVEL（マーベル）映画「ETERNALS」（エターナルズ）に出演するなど世界で活躍する俳優兼プロデューサーのマ・ドンソク（Don Lee）本人をはじめ、映画「犯罪都市」のオリジナルプロデューサーが共同で参加し、映画「犯罪都市」日本版リメイクの制作を行うことも決定している。

「ＨＩＡＮ」では、韓国で大ヒットを記録した映画「犯罪都市」のリメイクを行い、また同時に、マーベル・スタジオへの参加も決まった俳優マ・ドンソク氏の日本でのエージェントもＬＤＨが担うことが発表された。日本、韓国、そして世界に向けたエンタテインメントを創造していくプロジェクトだ。

アジアでのエンタテインメントの発信地として、アジア圏をリードする韓国との取り組みは、個人的にもとても興味がある。

音楽市場では、日本は世界第二位のマーケットであり、これまでの国内市場は、内需を満たすことをメインに考えられてきたのだが、音楽の聴かれ方の移り変わりとともに、マーケットを世界に求める動きが出てきている。その際に、韓国の視点や経験を改めて参考にし、協力して作品を作り上げていくことで、アジア発のエンタテインメントがもっと世界中へ届けられると感じている。

近年、アジアに関する話題がさまざまな国のニュースで取り上げられている。グラミー賞にノミネートされたＢＴＳや、アカデミー賞受賞作品である「パラサイト　半地下の家族」などに代表される韓国映画のめざましい活躍がある一方で、アジアン・ヘイト・クライムに関するポスト（投稿）がＳＮＳ上で交わされている。また、香港のカンフー映画からインスパイアされたと言われるマーベルの映画「シャン・チー／テン・リングスの伝説」や、韓国をルーツに持つ移民家族の物語を描いた「ミナリ」など、アジアに関連する作品が続いている。この「ＨＩＡＮ」プロジェクトもいずれ、必ず大きな意味を持つことを信じている。

ＬＤＨは世界に向け、未来に向けて、これからも挑戦を続けていくことだろう。

僕は、ＬＤＨとともに歩んできた。

本当にたくさんのことを教わった。

ＬＤＨが願う「Ｌｏｖｅ，Ｄｒｅａｍ，Ｈａｐｐｉｎｅｓｓ」のメッセージが世界中に広まり、エンタテインメントを通じて世の中の幸せに貢献できることを、心から願っている。

２０２１年４月、テレビ番組出演に向けたリハーサルのために、ＥＸＩＬＥメンバー数人がＬＤＨのスタジオに集まった。

生放送なので、振り付けや構成はもちろんのこと、カメラワークや演出についてのアイデアを出し合い、リハーサルを重ね、踊りも体に染み込ませた。

リハーサルが終わると、スタッフからこれからの興行についての話があった。

直近のＥＸＩＬＥの単独公演は、最終公演が中止となった２０２０年のライブツアーになる。次の興行がもしあるとしたら、メンバーとしても格別の思いがこもった内容になるはずだ。メンバーは静かに耳を傾けた。

話題は次第に「これからのEXILEについて」に移った。

2020年、14人体制になり新たなフェーズに入ったEXILEは、これからどこへ向かい、何を求めて、どんな思いを作品に投影していくのか、意思統一していくことは、作品作りに向けてのファーストステップとなる。新型コロナウイルスの影響で、今では食事会や酒席はほとんどなくなってしまった。こうして顔を合わせて話すことで、それぞれの温度感を共有しあっていった。

活動について話すときはいつもその年の話だけではなく、二年後、三年後を意識する。やるべきことも時間を逆算して決まっていくことが多い。

今年、20周年を迎えるEXILEだが、新型コロナウイルスの影響もあり、来年以降の活動は、コロナの状況に合わせて変わってくるだろう。AKIRAや僕、岩田剛典が、自身が想定するこの先数年のビジョンと、グループとの関わり方の話をした。

それを聞いていたTETSUYAが言った。

「こういった話が最近できていなかったから、とても必要だと思う」

その場にいるメンバー誰もが、そう感じていたことだろう。

20周年を迎えた今のＥＸＩＬＥには、結成当時のオリジナルメンバーはいない。しかし、その歴史と想いを受け取った第二、三、四世代のメンバーが、今こうして新たなＥＸＩＬＥを表現している。20年目のＥＸＩＬＥであり、これから新たに生まれるＥＸＩＬＥだ。そんなＥＸＩＬＥの「今」とメンバーの「決意」が、４月27日に発売された「ＰＡＲＡＤＯＸ」に込められている。

今、自分が目指すゴールに向かうために必要な次のフェーズに欠かせない何かが、もう少しで見つかりそうな気がしている。実際、その輪郭は見えてきている感覚がある。

僕は、これまでに与えられた貴重な機会を活かせないことが多くあり、それに対する後悔から、自分のしてきたことは全て間違っていたのではないかと思ったこともあった。しかし、全てが間違いでもなかったと、今では思えるようになった。

歴史の上に今があり、今の選択の先に未来があることを、コロナ禍の日々で、改めて気づくことができた。

これまでずっと支えてくれている方々。

ともに働くスタッフ。

向き合ってくれるメンバー。

そのありがたみを感じれば感じるほど、過去の後悔を未来への一歩につなげるための今日を大切に思った。

思えば、ずいぶん回り道をしてきた。

しかし、そのおかげで、自分がどのような人間で、何が大切なのかを見つめ直す時間と機会が与えられた。

「あの時」には、EXILEになれなかった僕が、時間をかけて、愛や夢や幸せのことを手探りで考え続けたことで、今、未来につながる一歩を踏み出せている気がした。

たくさんの失敗もしたけれど、僕は、僕の「Love，Dream，Happiness」を見つけることが出来たんだ。

そう、思った。

これが「正しい」かどうか、僕にはまだわからない。

これからの人生を通じて、証明していくものだと思っている。

ただ、今はとても気持ちが明るく、後悔のない選択ができるような気がする。

もしかしたらこれが、「人生を引き受けていく」ということなのかもしれない。

「EXILE」というものになるのではなく、僕自身の人生を。

そして、それこそが、本当の意味でEXILEになる、ということなのかもしれない。

EXILEとは、「生き方」のことだから――。

へんか

クレープが好きだ。ステイホーム期間でデリバリーサービスを利用するようになり、物珍しさから手を出したら、まんまとハマってしまった。特に、いちごとバナナ、そして生クリームが入ったものが好き。でも、たまにマッシュポテトとチーズのごはん系クレープに手を出すこともある。一緒に紅茶を用意して、早めに仕事が終わった日の夕方に、ソファでゆっくりと食べていると、この至福の時間が終わってほしくないなって思う。

いつからか紅茶にもハマっている。とはいっても、茶葉から淹れるわけではなく、あくまでティーパックで気軽に楽しんでいる。いつものスーパーで買うものから、通りすがりの紅茶専門店で少し高めのものを買ったりする（それは、とっておきの日に飲む）。出かけた先で買う時もあり、それを家で飲む時には「そういえば、あんなことがあったな」と思い出をもう一度楽しみながら過ごしている。これまで過ごしてきたかけがえのない時間が積み重なって、今があるんだなと実感するようになった。

家で過ごす時に、部屋着を用意するようになったし、楽しんでパジャマを選ぶようになった。枕カバーやベッドのシーツに気を配るようになり、いかに気分良く寝られるか、満足できる環境を作ろうとしている。生活を丁寧に、心地よく過ごすことで、それが仕事や人間関係の全てに良い影響を与えることを知った。

ちなみに、今のところ一番は、やっぱり洗い立てのシーツ。触り心地や匂いが全然違う。あと、上達したいことはテニス。これまで、一度も触れたことがないスポーツ。きっかけがあって始めてみると、出来なさすぎて面白い。ここだけの秘密だけど、上下のテニスウェアを揃え、形から入ってみたけど、まだヘタだ。

好きなものに囲まれ、目の前のことを大切に過ごす。そんな当たり前の生活がどれほどかけがえのないものか、近年、痛感し続けている。何を優先するのかで、人生って本当に変わるんだな、なんて思いながら、今日もソファでクレープを食べている。

第五幕

選択と奇跡

一場　36歳

失われた2020年は、誰にとっても忘れられない年となったが、僕も大きな影響を受けた一年だった。11月に36歳を迎え、もうすぐ40歳という年齢になった。

人生の大半を先輩が周りにいる環境で生きてきた僕は、どこかにまだ新人のような気持ちがあるのだが、年齢的にはすでに人生の折り返しが視野に入る時期になった。周囲には家族を持つ友人が増え、自分の中にも家族を持つことへの憧れが強くなってきた。

パフォーマーとしてグループの一角を担い、とにかくがむしゃらに走り続けてきた。EXILEと三代目 J SOUL BROTHERSを兼任しているので、これまではとにかくライブ、ライブ、ライブの日々だった。

一つのツアーが終わりを告げる頃には、もう一つのグループのツアーが始まりを告げる。その合間には肉体的にも精神的にも休息を取るタイミングがなく、常にエンジンはかけっぱなし。アイドリングを続け、いつでも120パーセントのパフォーマンスが行える状態を保ってきた。疲労は、確実に蓄積していった。

ここ数年で感じる体の変化はパフォーマンスにも影響を与えた。

膝の痛み、癖になっている腰から背中、首の左半身のこわばりなどは検査を受けても、「長年の疲労の蓄積によるものです。うまく付き合っていきましょう」と言われ、抜本的な治療法があるわけではなかった。

でも、ネガティブになっているわけではない。こういった痛みや体の変化は、僕にとってはたくさんの思い出が詰まっており愛《いと》おしく思える。

ツアーを一つ一つ乗り越えてきた証であり、記念品のようなもの。

肉体の変化とともに歩き続け、長い年月を踊り続けるために踊り方を改善してきた。

そして思うのは、今の踊りが一番好きだということ。

丁寧に体と向き合ってきてよかった。

そんなふうに体と付き合ってきた自分だからこそわかる近年の変化は、これからの十年の過ごし方を僕に問いかける。健康な心と体を携えた肉体として挑戦できる、ラストチャンスだと。ダンスが大好きだからこそ、そのダンスで得た経験と表現を基に次のステップに挑戦したいという思いに駆られる。そして、健康な心と体が必要とされる、過酷な環境のことを、そこに飛び込むための時期のことを、何度も考えている。

二場　LDHの組織論

今では当たり前となった「ダンス・アンド・ヴォーカルグループ」という言葉のイメージが示すものには、LDHの歩みが込められていると僕は感じる。それはパフォーマーという新しい職業を生んだことや、表現の形態の話だけではない。

一つの概念を新しく生み出すためには、強い絆で繋がれた仲間と、長い時間が必要になる。その奇跡のような歩みの上に挑戦に対する結果が成り立っているのだ。それは簡単に得られるものではない。

人が人に惚れ、人生を懸ける。

そういった姿を僕はEXILEの活動の中で見てきた。

あの頃は後輩として、一挙手一投足を見逃さないように、観察し、真似をし、とにかく一緒に時間を過ごした。

三代目 J SOUL BROTHERSでは、思いを継承するメンバーの姿と、過去と未来を繋ぐために今の環境とこれまでのやり方を自分たちにシンクロさせる姿を見てきた。

また、時に先輩として、伝えられてきたＬＤＨの心構えや、ＥＸＩＬＥの想いを共有した。

ＬＤＨは、人との繋がりの上に成り立っている。普通の組織では、なかなか成立させるのが難しい。ビジネスというものはもう少し冷酷なのだ。効率的に業務を行うために人事が行われる。しかし、ＬＤＨにいるほとんどの人がＨＩＲＯのアドバイスを待っていて、その意見を尊重する。

ＨＩＲＯの求心力にはすごいものがあると感じる。それは、ただの上司と部下、マネジメントと所属アーティストという目線ではなく、本当の意味で「お互いのためだ」とＨＩＲＯ自身が思うことで生まれる関係性があるからだ。

僕は、ダンサーという仕事が自分の人生のど真ん中にあるが、その立場を守るために、新人の頃から衣食住を含めた生活や環境をＬＤＨはサポートしてくれていたのだ。

正直なことを言うと、当時の僕のように取り柄のないただのダンサーを、ポジティブに評価してくれる人たちに出会えて、本当に幸運だったと思うし、それが成り立つような組織を実現したＨＩＲＯは、容易には話せないほどの苦労があったと思う。戦略的な狙いがもちろんありながら、それでも出会いやタイミング、それぞれが奇跡だったはずだ。

僕が見たＬＤＨという組織は、奇跡の連続で出来上がっていた。

三場　人生は選択の連続、奇跡の連続

僕はディズニー映画が好きだ。

王道のメッセージを伝えることは、時にひねりのない方法に陥ってしまいがちだが、世代や育った環境に関係なく楽しんでもらうことができるのなら、それは物語としてものすごく強いメッセージ性の高い作品なのだ。

ディズニーはそれを実現している。


例えば、こういう物語があったとする。

「住んでいる高い塔から一度も出たことのない主人公が、たまたま忍び込んできた男についていく決断をする。馬や悪党に出会い、怖い目に遭いながらも、最終的には夢だった念願の景色を見ることができ、最愛の人と一緒になる」

この主人公が、もしも塔から出る選択をしなかったらどうなっていただろうか。この物語は動き出していないだろう。

全ての出来事がその後につながるための大切なきっかけになっている。

17歳からダンスをはじめ、さまざまな出会いがあった。地元のダンススクールに通い、そこで世話になっていた人に背中を押され、東京に出る決心をした。

東京のクラブで踊り始めると、少しずつ顔見知りができていった。

踊りと人柄が素敵で仲良くなった先輩がいたが、結局その先輩についていくことはなく、一人でダンスバトルに出ていくことを選んだ。

その先に、ＡＫＩＲＡとの出会いがあった。

そして、２００９年にＥＸＩＬＥに加入し、翌年に三代目 Ｊ ＳＯＵＬ ＢＲＯＴＨＥＲＳに加入、ＥＸＩＬＥとの兼任の話があった。

一ダンサーがある日ＥＸＩＬＥになり、目まぐるしい日々をどうにかこなしていった。まだこの業界に慣れていたわけではなく、精一杯なところもあったが、ＥＸＩＬＥの想いを繋げたいという願いを込め、三代目との兼任という打診をしてくれたＨＩＲＯの想いに応えたいと思い、三代目のメンバーとなった。


これまでの選択が一つでも違っていたら今の自分はない。

そして、一つ一つの出会いは、まるで奇跡のような結果を生んでいった。その日、その場所で出会うことは偶然以外での何ものでもない。

しかし、そこで自分は、その選択をした。

するとまるで必然だったかのように結果がついてきたのだ。

僕のこれまでの人生とＬＤＨでの日々は、奇跡のようなことが続いていた。


誰しもが常に選択をして奇跡を起こしている。

仕事で仲のいい後輩と一緒に企画を作ったら、初めて企画が通った。

これも選択。

歩いている時に駅中で目に留まった宝くじ売り場で宝くじを買ったら当たった。

これも選択。

早めに仕事が終わってたまたま誘われたご飯になんとなく行ってみようと足を運んだら将来の伴侶に出会った。

これも選択。


全ての出来事には過程があり、たくさんの選択がある。たくさんの奇跡を起こすには選択をする時に今の自分の判断に自信を持つことが大切だと気づいた。そうすることで自分のいいものに対するアンテナの感度が高まっていることを実感する。

四場　全力で取り組む

人に惚れ、興味があるものを見つけると、のめり込むように取り組んだ。

途中から加入したＥＸＩＬＥでは、とにかくオリジナルメンバーとの時間を作るようにし、自分の知らないＥＸＩＬＥの創成期から、設立メンバーの思いを知ることを心がけた。そこで感じたＥＸＩＬＥらしさ＝「どんなことにも全力投球」は、元来の自分と近いものを感じ、共感し、拍車がかかるようにＥＸＩＬＥの活動に身を投じてきた。

３６５日中３６０日はメンバーとともにいて、自分の中の優先順位は一番、そして僕の人生における「答え」そのものだった。

ＥＸＩＬＥが僕にしてくれたように、見てくれた人が一瞬でも何かを感じてくれるように、どんなパフォーマンスでも一生懸命取り組んできた。

夢の持つ力や仲間との絆の意味を感じた僕は、三代目ではそれらを伝えることを心がけた。自分が偉そうにしたいわけではなく、実際に見てきて信じたものを、大切な仲間と共有したかった。

リーダーとして伝えることを意識しながらも、三代目という立場からの発見もあった。

EXILEの時には見えていなかったものに気づいた。

今考えると、グループ単位でしか物事を考えられず、自分自身に与えられたものや立場をあまり理解できてなかった。

戸惑いの中、それでもできることは全力でやろうと、ライブではパフォーマーとして一人でも多くの人に楽しんでもらえるように取り組んだ。

個性あふれる活躍を見せるメンバーにインスパイアされ、これまで以上に自分の可能性を追求した時期もあった。僕は時にやりすぎてしまうところが悪い癖なのだが、それでも常にグループのことを考えていた。メンバーは一人一人違う個性を持っているので、一概に同じ方法論で全員が動いているわけではない。なので、相手の気持ちを考えながら丁寧に進めることが大切だということを知った。

同時に、自分に足りないものにもたくさん気づくことができた。

それからは、僕は前に立つリーダーというよりも、一歩引いた位置からグループを眺め、抜けがないか、サポートが必要なことがないかと観察するようになった。そうすることで、僕自身が持つ性質にも気づくことができた。

ゼロからどんどん生み出していくタイプではなく、熱をもって取り組み、生み出されたものを広げたり継続していくことが得意なのだと知った。

失敗があったとしても、そこには必ず成長が伴い、そこを経てまた一つステップが上がっていくことになるのだと知った。

グループという集団は刺激的だ。

仲間でありながら同時にライバルでもあるということは、自分自身の成長を導いてくれた。思いもよらなかった高みにまで自分を引き上げてくれたり、負けそうになった時に踏みとどまる勇気をくれた。

五年ほど前から個人で活動する機会が増えてくると、メンバーがそれぞれの経験から得たものをグループにフィードバックしてくれることが多くなった。

自分にはできない活動に尊敬の念を抱きつつも、焦りにも似た気持ちを覚え、その小さなシミのような不安は、いつからか広がっていった。

音楽面でのプロデュース力を開花させ、楽曲からビデオ、制作までを行うブレーンたちをまとめていくメンバーや、俳優として実績を残し、出演の依頼が絶えないメンバー、プロジェクトを立ち上げ運営していくメンバーなどの姿を見て、

「みんなと成長のスピードが違う？」

一生懸命に目の前のことに取り組んでいたのに、どうして差が生まれてしまうんだろう。

競争することが当たり前の芸能界にいて、あまりに視野が狭くなっていた自分とメンバー

との差異を感じ、焦燥感からスタッフや周囲の人に当たってしまうこともあった。

しかし、根気強く向き合ってくれるスタッフのおかげでようやくその負のサイクルから抜け出せた。

仕事とは、自分の性格や得意分野を踏まえて、商品としての強みを売り出し、多くの人とともに動いていくものなのだ。

そういったことに気づいた僕は、自分を変えてみようと試みた。

人とのコミュニケーションを大切にし、話しかけられやすい雰囲気を作り、見た目の変化にも挑戦した。髪型や髪色を変えたり、自分の思いや考え方をオープンにするよう心がけ、スケジュールも調整し、体も心も健やかにいられるように努めた。


元来、何事も極端な性格のせいか、行きすぎてしまうこともあったのだが、自分でも徐々にペースを摑んでいくことが出来た。

すると、自分が好きなものや嫌いなもの、得意なことや苦手なこと、そういったものが明らかになり、変化を楽しむことができるようになった。今まで興味があったものの躊躇《ちゅうちょ》していたことや、見過ごしていた大切なことに取り組むことができるようになった。

だから今は毎日がとても楽しいし、変化にチャレンジして良かったと感じている。

36歳になり、人生のことをよく考えるようになった。

この年齢になると視野も少しずつ広がっていく。また、十年経てば環境や友人も変わり、思考も変わってくるのは当然のことだろう。

その上で気づいた、今の環境と自分の変化。

この年代になるとみんな一度は転職を考えると聞く。

「この会社で良いのか」

人生の残り時間を考えてこう思う。

ここで挑戦をしていくのか。

今持っている夢を実現することができるのか。

グループと個人の活動を両立する上で、いつもネックになるのは体は一つだということ。

それに加えて僕は二つのグループを行き来しながら自分をコントロールし、時間を捻出していくことを繰り返してきた。本気で取り組んでいても思いどおりにならず、歯痒《はがゆ》さを感じる時期もあった。

そして今の環境下での自分の変化。

ここにい続けるべきか、そうではないのか。そんなことを考えると心細くなり、不安になる。

しかし、一つのことにまっすぐ、一生懸命取り組んできた経験は自分を成長させてくれた。

そこでしか築けなかったものが必ずある。今の自分が自信を持って発信できるものはＬＤＨで培った経験から生まれたのだから。

五場　ＬＤＨに入らなければ気づけなかったこと

ＬＤＨだからこそ、グループだからこそ、機会に恵まれ、お互い助け合えた。ダンスしか取り柄のなかった僕が、エンタテインメントというものを学び、自分と向き合い、その中で自分がやれることを見つけるまで相当な時間がかかった。その期間、見守り、支え、常に励ましてくれたのは、メンバーであり、スタッフであり、何より応援してくれている方々だった。


衣食住を含め支えてくれたＬＤＨ。

ライバルとして仲間として向き合ってきたメンバー。

パフォーマンスする理由を与えてくれた皆さん。

ＬＤＨの仲間たちの想いに僕も共感し、信じ続けたことで今がある。

そして知った。

自分の特性や得意分野は、これからの人生を歩んでいく上で、基礎になっていくもの。

これは、ＬＤＨに入らなければ気がつけなかった。生きていく上で本当に大切なことを学ばせてくれた。

それを正しい環境で生かすのか、それとも埋もれさせてしまうのかは、自分次第だと思う。

ＬＤＨは人を成長させてくれる場所。

それぞれが本気でぶつかりあい、心から人の幸せを願い、エンタテインメントに向き合っている。

形のないものを大切にしているからこそ、そのやり方は千差万別だ。その上で、今までの学びは、成長に導いてくれた。

「Ｌｏｖｅ，Ｄｒｅａｍ，Ｈａｐｐｉｎｅｓｓ」「日本を元気に」といったテーマや、「絶対に負けない」「ＥＸＩＬＥ ＰＲＩＤＥ」「ｆｒｏｍ ＥＸＩＬＥ ＴＲＩＢＥ」といった概念を、リアルな人間関係にも織り込み、時間をかけて、手間をかけて、チームを作り上げていく。その過程は、関わることで大きな影響を受け、自分を振り返り、この集団の中で自分はどんなことができるのか、どんな未来を選びとっていきたいのかを問いただしてくれた。

集団を社会に置き換えても良い。

手を引っ張って導いてくれる学校生活を終え、社会人になると、誰かが道を示してくれることはない。

理想に向かって走り出す（歩き出す）が、道はまっすぐとは限らず曲がりくねっていたり行き止まりになっていることもある。

そんな社会に足を踏み出した僕は、道に迷いそうになった時、目の前に道標があるのに気づいた。

そしてそれを目印にがむしゃらに突っ走ってきた。

そして、成長に必要なステップを与えてもらった。

ＬＤＨは「人ありき」の会社であり、「人づくり」の会社だ。

そして、そんな場所にいられたことを誇りに思う。

六場　皆さんへ

人生は奇跡の連続だ。

一瞬たりともその場に留まることはできず、また、同じ時間は二度と訪れることはない。

今この瞬間は、当たり前のものではなく、さまざまな偶然で出来上がっている。

この世界に生まれ、育ち、これまでもたくさんの出来事があったけれど、同じ経験をしている人は誰一人いない。

見えているもの、聞こえているもの、感じていることは、僕自身の、あなた自身のオリジナルであり、それは誰にも真似できないスペシャルなものである。


そんな自分を信じ、日々訪れる大小さまざまな選択に向き合っていこう。

そう、奇跡は自分で選び取ることができる。

そのためには、物事に本気で向き合うこと。

そうしてもたらされる結果は、必ず何か良い影響を与えてくれる。成功して成長する。

失敗することもあるが、そうなったらそこから学んで成長する。

それが次の奇跡を呼び込んでいく。


自分が選んだ選択がもたらす小さな奇跡。

それらを積み重ねて大きな奇跡を摑んでほしい。


今まで、「奇跡」は遠いものだと思っていたけれど、そうではなかった。

こうして毎日、大切な人のそばにいて、その日々を幸せだと気づけたことが奇跡だった。

そしてそんな小さな奇跡の積み重ねが大きな奇跡になっていくのだと思う。


失敗だと思っていたことが、大きな奇跡を得たときに、「あれは必要だった」と思える。

もし、今、失敗だと感じていることがある人は、将来何か大きなことを得たときに、それも必要だったんだなと思えるようになってほしい。


人生はこれからも続いていく。

次はどんな選択が訪れるのかを、僕は楽しみにしている。

あとがき

この本は、文藝春秋ｄｉｇｉｔａｌでの連載「ＥＸＩＬＥになれなくて」から始まった。ある編集者との出会いから、「僕が感じたＬＤＨ、ＥＸＩＬＥを書いてみたい」という想いが生まれ、僕に見えているＬＤＨの組織論のようなものをまとめてみたいと思った。ＬＤＨでの経験や周囲との関わり方、ＬＤＨの精神が反映された環境。そこで僕は多くのことを学び、時に失敗し、成長していったから。

その連載が始まる直前、新型コロナウイルスの影響により生活が一変した。ライブが中止になり、踊る場所すらなくなり、予定していた未来の全てが変わってしまった。

連載のまえがきを読むと、その戸惑いが記されていた。

「2020年10月、全てが変貌を遂げてしまった社会を見渡して思う。マスク、消毒、自粛。これまで描いていた未来は、もうここにはなくなってしまった。だだっ広い空間に、一人取り残されたような気がして、無力さに飲み込まれそうになる。踏ん張って、ただ立っているだけ。今はそれでいい、と自らの背中を支えながら、この突風が過ぎるのを待つ。目を開くことができない、それほどの砂嵐の先にあるはずの、新たな未来を見つめながら。そして、気づいた。

――人生の優先順位が変わった」

今読んでも、あの時に感じた混乱が蘇ってくる。

それでも、その状況下で書き続けると、次第に自分と向き合うようになっていった。まるで紙面ワークショップのように、自分の半生をたどり、変わってしまった社会の中で、どう生きていくべきなのかを模索し始めた。

そんな、試行錯誤を繰り返す日々に、自分と向き合う上での基準の一つとなったのが、この本の副タイトルにもあるＥＸＩＬＥである。

ＥＸＩＬＥになれなくて、道を探し始めたのだが、僕は、もともと考えていた

ＥＸＩＬＥにはなれなかった。

どういうことかというと、「ＥＸＩＬＥになる」というのは、他の誰かになることではないのだ。

形あるものに嵌《は》まるのではなく、自らを知り、道を選択し、一生懸命取り組んでいくこと。

それだけが、奇跡を引き寄せていくと気づいた。それが僕にとってのＥＸＩＬＥになることの答えだ。


この本では、安住することなく破壊と再生を繰り返し、未知の世界に挑戦していくＥＸＩＬＥのさまざまな姿を描いた。その一つ一つが、ＥＸＩＬＥの精神であり、生き方である。励まし合う仲間とともに時間を重ねていくこと、挑戦し続けることがいかに大切なことかを知った。形のあるものに永遠はない。だからこそ、自らが前に進み選択し続けることで、小さな奇跡と出会うことが出来る。それが大切なのだ。

書き終えて思うことはたくさんある。時に喜び、時に打ちのめされる自分をこうして文章にしていく体験は気恥ずかしかった。また、自分の嫌なところと向き合わなければならず、辛かった。今振り返ると、そんなに重大なことではなかったり、理解できたりすることも、当時は答えが見当たらず、どん底にいるような気分だった。

でも、そんな自分が今では可愛らしく思える。

この執筆を通じて一つずつ過去を振り返り、答え合わせをし、しっかりと区切りをつけることができた。文章を書くことで過去と向き合わなかったら、気づけなかったことばかりだ。取り組めて本当によかった。

最後になるが、この本を書くにあたって多大なご尽力をいただいた方々にお礼を伝えたい。

文藝春秋の池延朋子さん、五十畑実紗さん、村井弦さん、向坊健さん、吉地真さん、この本を編集した伊藤淳子さん、デザインの大久保明子さん、週刊文春編集部の相田安彦さん、カメラマンの杉山拓也さん、表紙を撮影していただいた、長山一樹さん、
ＬＤＨ ＪＡＰＡＮの関佳裕さん、新井義浩さん、高野竜平さん、成田和正さん、山本圭彦さんをはじめとするＬＤＨスタッフの皆さん、

ＥＸＩＬＥ ＨＩＲＯさん、
ＥＸＩＬＥメンバー、
三代目 Ｊ ＳＯＵＬ ＢＲＯＴＨＥＲＳメンバー、
家族、
そしてこの本を読んでくれている皆さん、
本当にありがとうございました。

二〇二一年十一月

小林直己

生きていると毎日のように訪れる大小さまざまな選択。
僕が選択してきた道の上には
たくさんの奇跡が散りばめられていて、
その奇跡を拾い集め、今を生きているということに
この本を書いて気付かされました。

小林直己

出典

・RM（BTS）の国連でのスピーチ

https://www.unicef.or.jp/news/2018/0160.html

https://www.unicef.org/press-releases/we-have-learned-love-ourselves-so-now-i-urge-you-speak-yourself

・BATTLE OF TOKYO 記者発表会 2021.04.18

https://www.youtube.com/watch?v=cZUPp1abWF0

・「HIAN」関連のニュース

https://prtimes.jp/main/html/rd/p/000000002.000074997.html

2020年10月23日～2021年4月30日まで「文藝春秋digital」で26回にわたって連載された「EXILEになれなくて」をもとに加筆修正した作品です。

写真：長山一樹〈カバー、表紙、P13、P67、P137、P199、P287、P314〉

杉山拓也（文藝春秋）〈P2-3、P62-63、P64-65、P132-133、P194-195、P282-283、P306-307〉

ヘアメイク：高草木 剛

スタイリング：jumbo（speedwheels）

アーティスト・マネジメント：高野竜平、成田和正、山本圭彦（LDH JAPAN）

取材協力：石井一弘（LDH JAPAN 戦略企画ルーム）

装丁：大久保明子（文藝春秋）

編集：伊藤淳子（文藝春秋）

小林直己（こばやし・なおき）

EXILE/三代目 J SOUL BROTHERS のメンバー。

俳優としても活動し、ウォッシュ・ウェストモアランド監督 Netflix オリジナル映画『アースクエイクバード』(2019)、行定勲監督 CINEMA FIGHTERS『海風』(2019)に出演。2020 年に YouTube チャンネル「Naoki's Dream Village」を開設。

選択《せんたく》と奇跡《きせき》　あの日《ひ》、僕《ぼく》の名字《みょうじ》はEXILE《エグザイル》になった

2021 年 11 月 25 日　第 1 刷発行

著　者　小林直己《こばやしなおき》

発行者　大松芳男

発行所　株式会社　文藝春秋

〒 102-8008　東京都千代田区紀尾井町 3-23

☎ 03-3265-1211

印刷・製本所　萩原印刷

　ISBN978-4-16-391437-4
Printed in Japan